CENSIER

DE

L'ÉVÊCHÉ DE DIE

À DIE, MONTMAUR ET AUREL,

DOCUMENT DU XIII° SIÈCLE, EN LANGUE VULGAIRE,

ANNOTÉ ET PUBLIÉ

PAR

J. BRUN-DURAND

Correspondant du Ministère de l'Instruction publique
pour les travaux historiques.

LYON	PARIS
LOUIS BRUN, LIBRAIRE	ALPHONSE PICARD, LIBRAIRE
8, rue du Plat	82, rue Bonaparte

1890

A Monsieur Léopold Delisle, membre de l'Institut, administrateur général de la Bibliothèque nationale, hommage reconnaissant

CENSIER

DE

L'ÉVÊCHÉ DE DIE

Tiré à 100 exemplaires.

Extrait du *Bulletin de l'Académie delphinale*, 4ᵐᵉ série, tome III.

CENSIER

DE

L'ÉVÊCHÉ DE DIE

A DIE, MONTMAUR ET AUREL,

DOCUMENT DU XIIIe SIÈCLE, EN LANGUE VULGAIRE,

ANNOTÉ ET PUBLIÉ

PAR

J. BRUN-DURAND

Correspondant du Ministère de l'Instruction publique
pour les travaux historiques.

LYON	PARIS
LOUIS BRUN, LIBRAIRE	ALPHONSE PICARD, LIBRAIRE
8, rue du Plat	82, rue Bonaparte

1890

CENSIER DE L'ÉVÊQUE DE DIE

A DIE, MONTMAUR ET AUREL

DOCUMENT DU XIIIe SIÈCLE, EN LANGUE VULGAIRE

ANNOTÉ ET PUBLIÉ

Par J. BRUN-DURAND

Correspondant du Ministère de l'Instruction publique pour les travaux historiques
Membre associé de l'Académie delphinale.

De même que celui que nous publiâmes, il y a quelques années, sous le titre de *Le fieus de mons l'evesq et conte al chastel de Crest*[1], le document que voici est, tout à la fois, un curieux spécimen du langage dauphinois au XIIIe siècle et une pièce, des plus intéressantes, pour l'histoire du domaine temporel des évêques de Die. Mais c'est d'autant plus à tort que le

---

[1] Valence, 1878, in-8°.

catalogue des manuscrits de la bibliothèque de Nîmes [1], à laquelle il appartient et dont il forme le numéro 13818, l'appelle *Dénombrement des domaines de la mense épiscopale de Die*, qu'il n'y est, en somme, question que de trois des huit ou dix terres ou seigneuries comprises dans cette mense, et qu'au lieu d'être un dénombrement de biens, ce document est un état de revenus, un rôle de censes et de rentes, ou, pour nous servir d'une expression de feudiste, une liève, nom que lui donne, du reste, l'érudit Séguier [2] dans son catalogue. Car il est bon de dire qu'après avoir passé, nous ne savons comment, et dès 1660, des archives épiscopales de Die aux mains de l'historien dauphinois Chorier [3], notre manuscrit fut

---

[1] *Catalogue général des manuscrits des bibliothèques des départements*, VII, 603.

[2] Jean-François Séguier, historien, numismate, archéologue, botaniste, mathématicien et bibliographe, né à Nîmes, le 21 novembre 1703 et décédé dans cette ville le 1ᵉʳ septembre 1784, ayant légué, par testament en date de 1778, ses livres, ses manuscrits et ses médailles à l'Académie de Nîmes, sous condition que le tout serait mis à la disposition du public, dans sa maison qu'il ajoutait au legs ; il en fut ainsi jusqu'au 6 thermidor an II, époque où les biens des Académies et Sociétés savantes ayant été confisqués, la ville de Nîmes fut mise en possession de l'héritage de Séguier.

[3] Nicolas Chorier, né à Vienne, le 1ᵉʳ septembre 1612, décédé à Grenoble, le 14 août 1672. La *Biographie du Dauphiné* raconte, d'après le chanoine Barthélemy, que l'auteur de l'*Histoire générale du Dauphiné*, ayant emprunté, pour ce travail, quantité de Cartulaires et d'autres documents, ne craignit pas de s'en approprier un certain nombre et de les vendre ensuite à prix d'argent. Notre censier fut-il de ce nombre ? Les mots : « *Ex libris Nic. Chorerii, j. c. Viennensis, 1660* », semblent prouver le contraire. Seulement, un des hommes les plus familiers avec l'histoire du Dauphiné, M. Prudhomme, m'a fait spirituellement remarquer que c'était surtout sur les livres et manuscrits, qui ne lui appartenaient pas, que l'historien besogneux mettait son nom.

acquis par le marquis d'Aubais[1], dont il porte encore l'*ex-libris* et que les héritiers de ce dernier le donnèrent à Séguier, dont la bibliothèque léguée à l'Académie de Nîmes, est devenue, en 1794, celle du chef-lieu du département du Gard.

Ajoutons que ce manuscrit est d'une belle écriture et sur parchemin, qu'il forme un cahier ou registre de trente-deux feuillets de 217 millimètres de hauteur, numérotés 1 à 29, 38, 47 et 48, — ce qui est un témoignage irrécusable de lacérations, que nous ne croyons pas antérieures au XVIIe siècle, — et pour ce qui est de la date, constatons que le nom de l'évêque Amédée de Genève, dans l'intérêt de qui fut fait ce travail, la donne très approximativement, attendu qu'il est établi que ce prélat qui était, paraît-il, aussi bon administrateur que

---

[1] Amédée de Genève, deuxième fils de Guillaume II, comte de Genève, et d'Alix de la Tour, et frère de Robert, évêque de Genève en 1276-1286 ; de Guillaume de Genève, évêque de Langres en 1267-1291 ; d'Aymon de Genève, évêque de Viviers en 1252-1263 ; enfin, de Jean de Genève, évêque de Valence et de Die en 1282-1297, fut appelé au siège épiscopal de Die après la démission d'Humbert IV, qui siégeait encore au mois de septembre 1245, et qui est dit ancien évêque dans une lettre du pape Innocent IV, en date du 30 octobre suivant. En tout cas, dès 1247, ainsi que le prouve une enquête de l'année 1279, dans laquelle il est dit que ce prélat reçut, trente-deux ans auparavant, l'hommage de Pierre de Morges, pour le château de Prébois, et ayant testé le 21 janvier 1276, en présence de son neveu, Amédée de Roussillon, évêque de Valence, et d'autres personnes parmi lesquelles se trouve le *courrier* Aynard de Rame ; il mourut le lendemain. Bien que l'historien Columbi l'appelle *vir pius et pacificus*, il n'en est pas moins vrai qu'Amédée de Genève passa la plus grande partie de sa vie à guerroyer contre les comtes de Valentinois ou des vassaux rebelles. — Voy. Jules CHEVALIER, *Histoire de la ville et de l'église de Die*, I, 348-368 ; VALBONNAIS, *Histoire du Dauphiné*, I, 19-20 ; COLUMBI, *Miscell.*, p. 356, etc.

pieux évêque et rude soldat [1], étant monté sur le siège de Die en 1247, l'occupa jusqu'à sa mort, arrivée le 22 janvier 1276. On pourrait même préciser davantage, en faisant certains rapprochements ; mais ce qu'il importe surtout de remarquer, c'est qu'au mérite d'être, ainsi que nous l'avons déjà dit, un nouvel échantillon du langage de nos pères, il y a six cents ans, ce document ajoute celui d'être une source de renseignements aussi curieux qu'instructifs, sur le régime fiscal de notre contrée, au temps du principat des évêques de Die.

Du court préambule qui le précède, il résulte en effet, que cet état ou rôle est le premier qui ait été dressé des censes et rentes de toute nature, que l'évêque de Die était en droit de prendre dans les terres de son domaine et que, par le fait des nombreuses aliénations imposées à ses prédécesseurs, par les malheurs des temps, Amédée de Genève ne trouva guère dans ce domaine, lorsqu'il en prit possession, que trente sous de revenu libre, — xxx *sols que non fussa vendu, o engatga, o aliena, o vers clergues, o vers homeuz laiz.* — Non compris que les agents préposés à la perception de ce revenu, négligeaient volontiers les devoirs de leur charge, pour s'occuper de leurs affaires personnelles et, quelquefois même, péchaient par défaut de probité, — *o mettons sovent en obli, per faisandas que hant a far et que ne sont pas tuit prodomen.* — De telle

---

[1] Les évêques de Die, qui s'intitulaient encore comtes de leur ville épiscopale, au dernier siècle, jouissaient, depuis longtemps déjà, de tous les privilèges de la souveraineté dans les terres de leur domaine, lorsqu'ils en furent régulièrement investis par les empereurs germaniques en 1178, et ce n'est, en somme, qu'en 1456 que ces prélats descendirent tout à fait au rang de vassaux des rois-dauphins.

sorte, que c'est pour remédier à ce lamentable état de choses, en mettant quelque ordre et quelque méthode dans la perception des revenus épiscopaux, que le Génevois Pierre Siblet, qui était, nous le savons d'ailleurs, religieux de l'ordre de Saint-Dominique [1], en même temps que le principal agent fiscal de l'évêque, fit ou tout au moins commença le censier dont nous publions un fragment.

Quant à ce répertoire lui-même, indépendamment de ce qu'il nous fait connaître les différents impôts qui grevaient la propriété immobilière dans le Diois au moyen âge, il nous apprend que pour le recouvrement de ces impôts, les terres et seigneuries de l'évêque de Die étaient divisées en *bailies*, circonscriptions ainsi appelées parce qu'il y avait dans chacune d'elles un baile, — *bajulus, baille,* — sorte d'intendant établi sur les lieux, et que les *bailes* avaient pour chef hiérarchique le *courrier,* — *correarius, correers,* — sorte d'intendant-général résidant auprès de l'évêque, dont il était par excellence l'homme, en tant que seigneur temporel. On y voit notamment, que la ville de Die et sa banlieue formaient quatre *bailies*, dont la première était celle de Jean Nazaire, de La Gueire, qui comprenait 261 familles et devait annuellement à l'évêque, suivant les calculs de Siblet, 7 livres et 31 de-

---

[1] Il est appelé *Petrus Siblet, predicator Diensis,* dans l'acte par lequel Isoard d'Aix, seigneur de Châtillon, émancipa Raymond de Montauban, son fils, le 29 mars 1248. Or, cette charte qui fait partie du *Cartulaire de Bertaud,* récemment publié par M. l'abbé P. Guillaume, en même temps qu'il nous renseigne sur ce *courrier* de l'évêque de Die, recule d'au moins un quart de siècle la fondation du couvent des Dominicains de cette ville, que l'on croyait jusqu'à présent n'avoir eu lieu qu'en 1272.

niers en numéraire, 68 sétiers de blé inférieur, 3 sétiers de froment et 2 poules. La seconde, qui était celle de Laurent Palpaterre, comprenait 72 chefs de famille devant en somme 4 sous et demi, 211 deniers, 3 mailles et 25 poises d'argent, plus 2 poules. La troisième, dont Rambaud de Justin était baile, comprenait 34 familles et devait rapporter 4 sous et 136 deniers, une demi-émine d'avoine et 2 gerbes de blé. Enfin la dernière, qui était celle de Jacques de La Guire, comprenait 45 familles et devait produire 203 deniers, 8 mailles et 2 poises, 3 sétiers et demi de froment pur, 1 sétier et 1 émine d'avoine et 1 barral, 1 quartal et 1 émine de vin. D'où il résulte que la population totale de Die était alors de 412 familles, soit environ 2,500 âmes, et qu'en outre de redevances en nature, dont il serait bien difficile d'apprécier la valeur, l'évêque y levait annuellement 9 livres, 17 sous, 5 deniers et 1 poise, c'est-à-dire quelque chose comme 1,092 francs de nos jours, sous forme d'impôt.

Terminons en disant que le *courrier* de l'évêque de Die ajoutait à ses fonctions d'intendant-général celle de juge, et qu'il était à la nomination du prélat dont il gérait le domaine, tandis que la charge de *baile* était héréditaire, et que le premier ne devait compte que de ce qu'il avait reçu, tandis que les *bailes* prenaient souvent à ferme les revenus qu'ils avaient mission de recouvrer. Cela nous le savons par une charte, du 5 septembre 1245, dans laquelle il est dit que les familles Bouvier et De Laval se disputant la charge de bailli de Montmaur, l'évêque Humbert IV décida que cette charge appartiendrait pour un tiers aux De Laval et pour le reste aux Bouvier ; que dans ces proportions-là, les uns et les autres jouiraient de tous les droits et avantages qui y étaient attachés, ajoutant que lesdits *bailes* pourraient disposer à leur gré de toutes les redevances en grains dues à l'évêque dans la terre de Montmaur, à la condition de donner chaque année à ce prélat 90 sétiers de froment et 120 sétiers de blé inférieur, — *octo viginti et decem sextariorum frumenti et sex viginti sextariorum bladi*, — et que pour ce qui était des redevances en vin et en poules, ils en retiendraient le dixième pour leurs peines, mais devraient par contre verser intégralement dans la caisse épiscopale toutes les rentes en argent [1].

---

[1] VALBONNAIS, I, 105, 111 et 141-2.

CENSIER DE L'ÉVÊQUE DE DIE

(Fol. 2, verso). Sibletus vocat.

(Fol. 3, recto). Millesimo tricentesimo quinquagesimo[1].

(Fol. 3, verso). Ezo de ces qui fei cest livre, que sovent fos leiz e serchas et mua li teneor a qui muar se deuriant, que sov·nt se chanjont li teneor e ezo fei escriure Pe. Siblets, correers de mon seinnor Amieu de Geneva, evesque de Dia et chascun an comtes hom so baille e s'escrivan aguessant enseins que mues los teneors, a qui muar se deuriant, que granz profeitz seria de la glaisa, a qui li baille ometont sovent en obli per faisandas que hant a far, et que li baille no sont pas tuit prodomen, e saipant tuit eil qui veyrent cest escrit, que en davant ditz correers ho en serchei al meilz que in poi in saupia e gaaumei hi e fai vos a saver, que en cest liure trobaris totas las baillias deuz chasteuz e de la cipta de Dia e dit que si ren avia oblia, que mettre o fesessant, que mos seinners lesvesques Amieus de Geneva, non trobe en tost levesqua de Dia, mas xxx sols rendenz que no fussa vendu, o engatga, o aliena, o vers clergues, o vers homeuz laiz e la somma i trobaris avoi de tot ce que ha parlla en l'escrit davant dit.

(Fol. 4, recto). *En tête, de la main de Chorier:* Ex libris Nic. Chorerii, j. c. Viennensis.

Hoc fecit dominus Amedeus episcopus Diensis ecclesie e Petr. Sibletz, correers Jebenensis.

---

[1] Ces deux lignes sont, ainsi que le prouve du reste cette date, d'une autre écriture que ce qui suit.

Baillia Johan Nazario, de la Gueira.

Bostos Testut, II sols[1], de la vigna de la Gueira. Bostos de Talaves, III meaillas de la vinna de la Gueira e carton. Li effant Arbert Mauri[2], XVIII d. de la vinna de la Gueira. Willelmus Merciers[3], I d. de la vinna de Lagueira. Li effant de Bonafasi Franco, XII d. de la vinha de la Gueira e iqui mes de josta IIII d. d'una autra vinna en la Gueira, et de la terra de la Gueira, II d. e la meita de la seignoria de la vinna que fai los IIII d., Petrus Mauris, III d. de la vinna de la Gueira e carton et una esmina de vin al baille. Arbert Maurestelz, XII d. de la terra de la Crois, que hac den Pon, Marchaant, Ugo Deulogart, VIII d. de l'ort. que el de tres sa maison en

---

[1] Pour n'avoir pas à revenir, chaque fois, sur l'importance des sommes d'argent et des redevances en nature portées dans cet état, disons, une fois pour toutes, qu'au XIII° siècle la valeur intrinsèque de la livre d'argent était d'environ 18 fr. 44 et sa valeur relative de 110 fr. 64 ; que la livre se divisait en vingt sous et le sou en douze deniers ; enfin que la maille — *meailla* — représentait à peu près la moitié d'un denier, et la poèse ou poise — *poiesa* — la moitié d'une maille ; attendu qu'il ne s'agit pas ici de la maille d'or ou de celle d'argent, mais bien de la maille de cuivre ou de billon, dont la valeur intrinsèque était conséquemment de 0 fr. 038 et la valeur relative d'environ 23 centimes.

[2] Albert Maurin, bourgeois de Die, qui étant consul ou syndic de cette ville en 1217 et 1218, fut l'instigateur et le conducteur d'un mouvement populaire, à la suite duquel l'évêque Didier de Lans reconnut aux Diois des franchises municipales extrêmement étendues. Il était vraisemblablement le fils d'un Pierre Maurin, qui fut témoin de l'acte par lequel l'évêque Humbert Ier céda certains droits sur les biens de Silvion de Crest, au Dauphin, et qui vivait encore le 28 mars 1240, date à laquelle Humbert IV fit avec les consuls de Die une transaction, touchant les droits de la commune. — Voy. Jules CHEVALIER, *Histoire de Die*, pp. 292-304.

[3] Guillaume Mercier — *Mercerii, Mercerz* — un des garants de la transaction du 28 mars 1240, entre l'évêque et les habitants de Die. — *Cartulaire de Die*, p. 92.

Vilanova[1] e de ces Meisme[2], ort. VIII d. Johantz Arbautz, I d. de la vinna de Lolmet[3]. Bostos Mercheantz[4], VI d. de laigua de Porta Englena. Willelmus Audezenz, IIII d. del pra sobre la Maladeira major[5], Petrus Rouvers, II d. del pra iqui mes. Li fil Willelms da Osta[6], II d. de l'ort. que el de tres la maison, en la grant charreira[7]. Li fil Esteven da Osta, II d. de l'ort. de josta. Michels Rainautz, X d. de la vinna al viol de Chamalosc. Symontz Palicza[8], IIII d. de l'ort. a la Porta Englena. Orfrasa, IIII d. de l'ort. iqui mes. Willelms de la Mura[9], II d. de l'ort. de tres la maison Lambert Trosset. Girautz Trossetz[10], I d. de la terra de Cebian. Romeuz Faure, IIII d.

---

[1] La rue de Villeneuve, qui va de la porte Saint-Pierre à la cathédrale.

[2] Saint-May ou Saint-Main, quartier de la ville de Die, dans lequel se trouvait une chapelle, sous le vocable de Saint Magnus, à laquelle était joint un cimetière et près de laquelle s'élevait un hôpital dit de Sainte-Croix.

[3] Lhommet, quartier rural au nord-est de Die.

[4] Bontose Marchand — *Mercator, Merchaantz* — un des témoins de l'acte par lequel l'évêque Bertrand acquit les châteaux et seigneuries de Barnave et de Jansac, le 10 juin 1227, figure également dans la transaction du 20 mars 1240 et était, croyons-nous, le père d'Albert Marchand, official de Die en 1293. — *Cart. de Die*, pp. 67 et 92.

[5] Maladrerie ayant laissé le nom de Maladière à un quartier rural au nord-est de Die.

[6] Rostaing et Pierre d'Aouste frères, figurent comme témoins dans une transaction de l'évêque de Die avec l'abbé de Saint-Ruf, touchant les églises de Taulignan, en date de 1199, et Hugues d'Aouste vivait en 1229. — *Cart. de Die*, p. 46, et *Hist. de Die*, I, 481.

[7] La Grand'Rue, aujourd'hui rue Nationale.

[8] Simon Palissa, un des garants de la transaction du 28 mars 1240, qui, après avoir été témoin de l'acquisition des châteaux de Barnave et de Jansac, en 1227, le fut de l'émancipation de Raymond de Montauban, par son père Isoard d'Aix, le 29 mars 1248. — *Cartulaire de Die*, p. 92 ; *Cartulaire de Bertaud*, p. 53.

[9] Guillaume de la Mure, un des garants de la transaction du 28 mars 1240. — *Cartulaire de Die*, p. 92.

[10] Probablement le même qu'un *G. Trosseuz*, dont le nom figure dans l'acte du 28 mars 1240.

del pra de Riu freit. Estevenz Trenquierz, IIII d. e meailla del pra sobre la Maladeira major. Girartz le Prere et Ponz Aldolz, IIII d. et meailla del pra. Artautz Lobeira, v d. del bosc de la vigna a la Gueira.

(Fol. 4, verso). Gontardz Rouvels, XII d. de la vinna que ha a Saint-Ferreol[1] et del clos de la Maladeira, una meailla. Meissons li mollier, qui fo Rostain d'Aucellon[2], VI d. de la vinna de la Gueira. Li effant Raimont Nier[3], I d. del pra del molin de Saint-Marcel[4]. Charbonneus, XII d. de la vinna d'outra Comanne[5] e desme. Jovenz de Porta[6], VIII d. de la vinna de Ruails[7] et I barral de vin e dit lom a !ı Crocha.

---

[1] Quartier rural au nord-est de Die.

[2] Rostaing d'Aucelon, qui figure comme témoin dans l'acte par lequel l'évêque Didier de Lans renonça au droit de banvin (1217), appartenait à une famille bourgeoise, tirant son nom du village d'Aucelon, qui est actuellement le chef-lieu d'une petite commune du canton de Luc-en-Diois, et de laquelle faisaient également partie Amalric d'Aucelon, en présence de qui Isoard II, comte de Die, fit hommage à l'évêque de cette ville, le 13 janvier 1168 ; Guillaume et Jean d'Aucelon, qui furent, le premier caution de l'évêque, et le second caution de la ville, dans un accord fait le 28 mars 1240, touchant les libertés municipales de Die; enfin, François d'Aucelon, citoyen de Die, vivant en 1343. — *Cartulaire de Die*, pp. 29, 88, 92 et 116.

[3] Raymond Noir — *Neers, Nier, Niger, Nigri, Negre* — un des témoins de l'abandon du droit de banvin par l'évêque de Die en 1217, fut le père d'un autre Raymond Noir, qui était syndic ou consul de Die en 1293. Humbert Noir, secrétaire du chapitre de la même ville, vivait en 1433. — *Cartulaire de Die*, pp. 122 et 154.

[4] Quartier de la ville de Die, ayant emprunté son nom à une abbaye de chanoines réguliers, convertie, dès le XIII° siècle, en un prieuré de l'ordre de Cluny. Il forma à lui seul une paroisse, jusqu'au XVI° siècle. — Voy. notre *Dict. topogr. de la Drôme*, 346.

[5] Comane, ruisseau affluent de la Drôme et quartier rural à l'ouest de Die.

[6] Peut-être le même personnage qu'un *Juvenis de Porta*, qui fut témoin de la reconnaissance des franchises de la commune de Die, par l'évêque de cette ville, le 23 avril 1218. — *Cartul. de Die*, p. 77.

[7] Ruez, quartier rural à l'ouest de Die.

Girautz Perdritz[1], ii d. del pra de soz la cort de l'esvesque. Li mollier de W. Brochet, v d. de la vinna de la Gueira. Pontz Amalricz[2], xii d. de la vinna de la Crois a qui hom vai vers Aureilla[3]. Li effant Petre Mercheant[4], ii sols d'aquo que hant a Chamargal[5], Andreuz Fauchetz, xiii d. de la vinna de Ruailz. Clavaisonz[6], xii d. de la vinna a Saint Ferreol e una sauma de vin. Johans Milos[7], xii d. de la vinna de Chastel e d'autra vinna iqui de josta, i d. Javahalleta, ii d. de la vinna de Chastel. Peire e Lantelmes de Peire, vi d. del pra que fo

---

[1] La famille Perdrix — *Perdritz, Perdis, Perdicis* — qui était une des plus anciennes de Die et qui paraît s'être éteinte au commencement du siècle dernier, fut anoblie le 5 avril 1454, suivant Guy Allard et Chorier ; mais elle est cependant qualifiée noble dans un acte du 19 mai de l'année précédente. Elle portait pour armoiries *de gueules à trois perdrix d'argent, posées 2 et 1*. Guillaume Perdrix était syndic ou consul de Die en 1313. — CHORIER : *Estat politique*, III, 430 ; Guy ALLARD : *Dictionnaire du Dauphiné*, II, 329 ; *Mémoires des frères Gay*, 264 ; *Cartulaire de Die*, p. 100.

[2] *Pontius Amalrici*, fut témoin d'une donation à l'abbaye de Léoncel, le 18 janvier 1245. — *Cartulaire de Léoncel*, p. 147.

[3] Quartier rural, avoisinant le ruisseau de Valcroissant, qui sépare la commune de Die de celle de Molières et qui était autrefois appelé *rivus de Auricula*. Aujourd'hui encore, le pont qui est sur ce ruisseau est appelé *Pont d'Oreille*. — Voy. notre *Dictionnaire topographique de la Drôme*.

[4] Pierre Marchand — *Petrus Mercator* — un des garants de la transaction du 28 mars 1240. — *Cartulaire de Die*, p. 92.

[5] Chamarges, quartier rural à l'ouest de Die, dont le domaine appartenait aux Reymond, vers la fin du xv° siècle. Ceux-ci le vendirent aux D'Arlod, qui le revendirent, en 1630, aux Ducros, et de ces derniers, Chamarges passa, vers 1700, aux Vigne, que remplacèrent les Gallien de Chabons. — *Dictionnaire topographique de la Drôme*, 63.

[6] Ces Claveyson, — *de Clavaiso, de Clavaisone*, — étaient une famille bourgeoise de Die.

[7] Jean Milon — *Johannes Milo* — un des témoins de la transaction du 28 mars 1240, était probablement l'aïeul de Pierre Milon, syndic ou consul de la commune de Die en 1743.

Durant Maillet[1]. W. Gillabertz[2], vi d. del pra apres. Ugo Brus[3], vi d. de la vinna que ha oltra Droma[4]. W. Salvestres[5], iiii d. del pra e ii d. e meailla del chazal de Saint Vincentz[6] e i d. de l'ort josta molin e x d. de la vinna que es vers la Maladeira e vi d. d'un pra.

Girbert Seailz, i d. de l'ort josta lo molin del Foillans. W. de Granovol[7], ii d. del pra e xii d. de la vinna que ten a Saint Ferreol. Colomps Perdritz, viii d. de la vinna de Belregart[8] et desme, e de la vinna que fo de Pontz de Vercortz[9],

---

[1] Durand Maillet — *Durandus Mailletz* — en présence de qui l'évêque de Die, Didier de Lans, inféoda le château et la seigneurie de Recoubeau à Bertrand de Mison, le 31 décembre 1220. — *Cartulaire de Die*, p. 62.

[2] Un des garants de la transaction du 28 mars 1240. — *Cartulaire de Die*, p. 92.

[3] Hugues Brun — *Ugo Brunus* — chanoine de la cathédrale de Die dès 1230, et probablement le frère de Pierre Brun, syndic ou consul de Die en 1240. — *Cartulaire de Die*, pp. 68 et 92.

[4] La Drôme, rivière affluent du Rhône, qui donne son nom au département, dont la ville de Die est un chef-lieu d'arrondissement, traverse la commune de ce nom. — Voy. notre *Dictionnaire topographique de la Drôme*, p. 128.

[5] Guillaume Silvestre — *Guillelmus Silvestre* — un des témoins de la confirmation des libertés de Die, par l'évêque Guillaume de Roussillon, le 30 mai 1276.

[6] Saint-Vincent; quartier de la ville de Die, dans lequel s'élevait, dit-on, une commanderie de Templiers, au xiie siècle, et dans lequel il y avait, en tout cas, un prieuré au xvie.

[7] Guillaume de Grenoble — *Willelmus de Gratiopoli, de Grainovol, de Grainozol* — bourgeois de Die, qui figure comme témoin dans l'acte d'acquisition des châteaux de Barnave et de Jansac (1227); dans la confirmation des libertés de Die par l'évêque Humbert IV (9 juin 1240) et dans une donation de terres, par Isoard d'Aix à Raymond de Baux, prince d'Orange, le 16 août 1246. Il était le frère ou l'oncle du chanoine Pierre de Grenoble, vivant en 1276-1279. — *Cart. de Die*, pp. 67, 92; *Hist. de Die*, I, 487; VALBONNAIS, II, 20.

[8] Beauregard, quartier rural au nord-est de Die.

[9] Probablement le même personnage qu'un Ponce de Vercors,

IIII d. Li granz Maladeira, I d. de la vinna d'outra Droma. Giralds Tardius¹, I barral de vin, de la vinna de Ruailz. W. Veels², II d. de la vinna de Ruailz, que dit hom a la Crocha. W. Vaesc, VIII d. de la vinna de Chasteillon. L'espital del borc Saint Peire³, II sols e VI d. e meailla, de la vinna de Malmartel.

(Fol. 5, recto). Aimars de Villanova, VIII d. de mala semena, ezo es terra e noms. W. Vaesc, VI d. de la vinna de Chasteillon, que fo Borrel el chappellan. Artautz Chachiers, VIII d. de la Chirana. Li effant Bostos Chachier lo pellicier, VI d. de la Chirana. Li filla Giraut Veher, III d. de la terra iqui de josta Durantz Chabra, II d. de la vinna que ha oltra Cocosa⁴. Willelms le Menuetz, II deniers et desme de la vinna que ten en Belreguart. Humbertz Vannaz, VI d. de la vinna de la Gueira. Rostainz de Foillas⁵, III d. per aquo que compte de lautart

---

dont les fils, Guillaume et Rodolphe de Vercors, firent hommage au dauphin, pour les terres qu'ils avaient dans le pays de leur nom, le 26 août 1277. — *Inv. des Dauph.*, p. 54.

¹ Giraud Tardif — *G. Tardius* — un des garants de l'accord du 28 mars 1240. — *Cartulaire de Die*, p. 92.

² Guillaume Weels — *Willelmus Weelli* — qui figure comme témoin dans l'acte d'acquisition des châteaux de Barnave et de Jansac en 1227. — *Cartulaire de Die*, p. 67.

³ Saint-Pierre, quartier de la ville de Die, ayant emprunté son nom à un prieuré de l'ordre de Saint-Ruf, connu dès 1095 et dont l'église fut un moment paroissiale. On ne sait rien de cet hôpital, que M. Jules Chevalier pense être la même chose que la recluserie qu'il y avait autrefois au quartier de la Recluse, — *Reclusoria juncta erat olim ædicula sacra B. Maria de eleemosyna*, — suivant Columbi.

⁴ Cocose ou Cocause, ruisseau affluent de la Drôme et quartier rural à l'est de Die.

⁵ Rostaing de Foillans, un des garants de l'accord fait entre l'évêque de Die et les bourgeois de cette ville, touchant leurs franchises municipales, le 28 mars 1240, était le frère d'Albert de Foillans, sacristain de la cathédrale de Die dès 1246, et du chanoine Pierre de Foillans, conjointement avec qui il fut témoin d'une sentence rendue, le 17 mars 1260, par leur frère le sacristain,

en fern en la ribeira de Droma. Jacmel Enferraz, III d. d'aque de la Ribeira. W. Belletz, II d. de la vinna a Cocosa. Estevenz Baillez, III d. de la vinna a Fontfreida. Peire Escofiers[1], II d. de la vinna a Lolmet.

C. DE LA CONDAMINA DE PEIRA MAINNINENCHA.

Petrus Beroardi[2], III sols e VIII d. de la terra iqui mes. Martinus Milo, III sols e I d. de la terra iqui mes. Peiretz Brus[3] e sos fraires, III sols e un d. de terra aqui habent ibidem e XX d. de la terra que fo Ponczon Tatea[4] e VI d. de la vinna de Chirana, que fo Ugo Rollant. Johantz Johantz de la

---

dans un différend entre les religieux de Léoncel et le seigneur du Plan-de-Baix. — *Cartulaire de Die*, p. 92 ; *Cartulaire de Léoncel*, p. 199, et nos *Notes pour l'histoire du diocèse de Die*, p. 55.

[1] Pierre Escoffier, — *Petrus Escofarius*, — bourgeois de Die, fut témoin de l'acquisition du haut-domaine des terres et châteaux de Barnave et de Jansac par l'évêque de Die, le 10 juin 1227. — *Cartulaire de Die*, p. 67.

[2] Pierre Béroard, chanoine de la cathédrale de Die dès 1218, dont un arrière-neveu, du même nom, fut syndic ou consul de cette ville. — *Cartulaire de Die*, pp. 48, 76, 78 et 82.

[3] Pierre Brun — *Petrus Brunus* — qui était syndic ou consul de Die en 1240. — *Cartulaire de Die*, p. 92.

[4] Ponce ou Ponson Tate, est encore connu par une inscription en langue romane, qui se trouve sur la façade d'une maison de la rue de l'Armellerie, dont il fut évidemment le propriétaire. Il y est dit que le mur qui la sépare de la maison contiguë est mitoyen, mais que l'entretien du chenal existant sur ledit mur, est à la charge du voisin, qui doit en outre faire un denier de cens à Tate pour le crépi du mur.

AQUIS PARES ES CUMINALS
MAS LI MAISOS DE BONAFAZI
DEU MANTENIR LA CHANAL
SUS EL MUR E FAR I DINER
DE CES A PONSO TATE A
PLAQUILIMENT DEL MUR.

montannia, x d. de la terra que es iqui mes. Estevenz Pelriez, x d. de la terra que es iqui mes. Johans Alexis, v sols de la terra iqui mes. Bostos Rainartz[1], vi sols e viii den. de la terra. Brocartz, iii sols e viii d. Maurellus, iii sols e iiii d. de la terra que es iqui mes. Marcellus Dajaio, iii d. e poesa e carton de la vinna de Malmartel. Peire Grassotz, iii d. e poesa e carton de la vinna e i ternal de vin al baille. Girautz Aicomps[2], iii d. Johans Pabans, iii d. de vinna e carton. Bonafasis de Poiols[3], iii meaillas e carton. Guigo Rocha, iii d. de la terra de Chasteillon. Lambertz Palpaterra, iii d. de la vinna. Martin Juls, iiii d. de vinea Belregart. Guigona Buzia, ii d. e meailla de terra de Chasteillon. Uxor Peire Lardeira, vi d. de la vinna e del pra de Conches[4]. Aimars de Laval, vi d. de vineas que sont oltra Saint Saornin[5]. Willelmz de la Cort, vi d. de vinea que habet oltra Droma. Peillerautz,

---

[1] Bontose Raynard, drapier, — *Bonthosus Raynardi, draperius,* — qui vivait encore en 1276, est le premier membre connu d'une famille noble, qui posséda pendant longtemps la terre de Saint-Auban, près Die, et partie de celle de Valdrôme; dont la dernière héritière se maria chez les Gallien de Chabons, vers la fin du xvii* siècle et dont les armoiries étaient *d'azur au renard rampant d'or.* Il eut pour fils, autre Bontose Reynard, consul de Die en 1293, et Rolland Reynard. Pierre de Reynard, seigneur de Saint-Auban, son arrière-petit-fils, était courrier de l'évêché de Die en 1502.

[2] Probablement le même personnage que Giraud des Combes — *Giraudus de Combis* — bourgeois de Die, vivant encore en 1293. — *Cartulaire de Die,* p. 127.

[3] Boniface de Poyols, bourgeois de Die, dont la maison était rue de l'Armellerie.

[4] Quartier rural de Die, au nord-est.

[5] Saint-Cernin, ruisseau affluent de la Drôme et quartier rural au nord-est de Die, dans lequel se trouvait une église de Saint-Saturnin, dépendante du prieuré du Pont-Saint-Esprit, puis du chapitre de Die et enfin de la commanderie de Sainte-Croix, qui servit pendant longtemps pour la paroisse de Ponet, dont elle était voisine. — *Dictionnaire topographique de la Drôme,* p. 333.

vi d. e poesa de terra qui habet al Polet[1]. Symontz Palieza, viii d. de la terra de Chamargas.

(Fol. 5, verso). Johan Alexi, xx d. de la Contamina mon segnor le vesque de sotz lo violz de Chamalotz. Guigo Thiolers, i d. de la Posterla.

(Fol. 6, recto). Guatgueris et Marcelz Davaio, xii d. e cartal de vin al baille. Li fil Agier, x d. de la terra. Michel Peuriers, iiii d. de la vinna que el a Saint Ferreol. Peire Escofiers, i d. de la vinna que ten oltra Droma. Peire Balfartz[2], xii d. de la terra de Chamargas. Beureiral, vi d. de la terra. Romeus Faure[3], xii d. de la vinna, e del tenoment que ten oltra Droma. Li effant Estevan del Col[4], vi d. de la terra de Chavaillac. Pons Drogo, vi d. de la terra de Chavaillac. Li moiller Johan Symont, vi d. de la vigna de Belregart. Peires Dammeit, ii d. del pra de Chavaillac. Willelmus Rainartz, i d. de la vinna que ten en Chastel. W. Gentzos[5], v poesas de la vinna de la Gueira. Raimontz Garainnoz[6], xii d. de la vinna de sotz la Maladeira major e ii sols de la vinna e de la terra que ten a Riumerdier.

---

[1] Le Palars, quartier de la commune de Die.

[2] Romeus Faure, bourgeois, qui figure comme garant dans la transaction du 28 mars 1240. — *Cartulaire de Die*, p. 92.

[3] Pierre Bafald, fut témoin de l'acte, en date du 13 mai 1235, par lequel Bertrand, évêque de Die, reconnut à ses chanoines le droit de s'administrer. — *Histoire de Die*, I, 473.

[4] Étienne du Col — *Stephanus de Collo* — autre garant de l'accord de 1240.

[5] Gention ou Genson, famille bourgeoise de Die, dont la maison — *domus Gentionis* — était dans le quartier de Chastel et à laquelle appartenait Guillaume Genson le vieux, — *Guillelmus Gensonis vetus*, — procureur des anniversaires de l'église de Die en 1345. — *Cartulaire de Die*, pp. 54, 161.

[6] Raymond Garagnos ou Garagnon, — *Raymondus Garangnos, Garaignonis*, — syndic ou consul de Die en 1240, fut témoin de l'émancipation de Raymond de Montauban par son père, le 29 mars 1248. — *Cartulaire de Die*, p. 92. *Cartulaire de Bertaud*, p. 53.

C. de Puei Urgnon [1].

Willelms Trossetz, III sols de la vinna iqui mes. Bostos Rollantz, VI d. de la vinna iqui mes. Ponz Chatz [2], III d. de la vinna iqui mes. Li effant Willelme Usana, III d. de la terra iqui mes. Arbtus Teuliers, II d. Peire Lionz, VI d. de la vinna iqui mes. Peire Martins, II d. de la terra iqui mes. Willelme Chalvis, IIII d. de la vinna de Meilleira. Jovenz Ainartz [3], VI d. de la Ribeira [4]. Peire Cuillairiers [5], I d. de la Ribeira entro l'enclausa el pont de Vaux [6]. Ponz de Vauz, I d. del pra e de la vinna de Chiranna, III d. Ugona Lissinola [7], III d. del pra que ten sobre la Maladeira e del Cros, I d. Peire Milo, III d. de la terra que ten iqui mes a Pont frast [8]. Willelms Gillabertz, I d. de la vinna e de la terra iqui mes. Willelms Pareira, I d. del Blachasset. Raimona Grolliers, VIII d. de la terra de l'ubac [9] de Puei urno. Peire Sarais, II d. de la ribeira

---

[1] Purgnon, coteau et quartier rural à l'est de Die, dans lequel s'élevait autrefois le château-fort des évêques de Die, dont il ne reste plus qu'une tour convertie en chapelle.

[2] Ponce Chat, dont le nom se trouve dans la transaction du 28 mars 1240, appartenait à une famille bourgeoise. — *Cartulaire de Die,* p. 92.

[3] Juvenis Aynard, autre garant de l'accord de 1240. — *Ibid.*

[4] La Rivière, quartier rural de Die, à l'ouest.

[5] Cuillerier, famille bourgeoise à laquelle appartenait le notaire Étienne Cuillerier, syndic de la commune de Die en 1331. — *Cartulaire de Die,* p. 142.

[6] Le 9 août 1240, Bontose Licinols fut témoin d'une donation au commandeur de Recoubeau, par Bertrand de Mison, seigneur de ce lieu. — *Histoire de Die,* p. 482.

[7] Vaux, quartier rural de Die, à l'est.

[8] Pont sur la Drôme, aujourd'hui appelé Pont rompu.

[9] Au nord de Purgnon.

d'Aureilla[1]. Peire Abrachi, I d. del col de Maillas. Petrus del Col, IIII d. de la vinna d'outra Cocosa. Dionets Jeguers, I d. de la terra del pas de Ruailz. Ponz Faures[2], XII d. de la vinna que el a Pont frait e III meaillas le orto qui est de for la porta del seinnor Naime.

BRÉU DEL CES QUE PREN MOS SEINNERS L'ESVESQUES EN MAISONS DE DIA E LA SENORIA AL BORC SAINT MARCEL.

Raimontz Tailla vinnas, II d. e poiesa de sa maison.
Bostos Chatz, II d. e poiesa iqui mes.
Peire Martis e Johan Martis[3], XII d. de la maison.
Bostos Forners, VIII d. de la maison.
W. de la Mura, VII d. de mes de la maison e de l'ort, II d. e de la vinna de la Gueira, VIII d. e I cartal de vin al baille e VI d. de la vinna de Lolmet.

EN LA CHABRARIA[4].

In domo Johan Martin, XV d.
In domo qui fo Martin d'Aucello.
El mur de Peire Lautart[5], e I d. del mur de la maison.

---

[1] Le Valcroissant, ruisseau affluent de la Drôme.
[2] Pons Faure — *Poncius Faber* — bourgeois connu dès 1227. — *Cartulaire de Die*, pp. 27, 76, 80, 92.
[3] Jean Martin, Marty — *Johannes Martis* — un des garants de l'accord du 23 avril 1218. — *Cartulaire de Die*, p. 87.
[4] La Chévrerie, rue ainsi appelée parce qu'il y avait autrefois la boucherie des chèvres.
[5] La famille Lautard, dont le nom est parfois écrit Lautaud, et qui avait des biens à Aurel, était une des plus importantes de Die aux XIIe et XIIIe siècles. Guillaume Lautard, témoin du partage de la seigneurie d'Aurel, le 1er juin 1193, en même temps que son frère Pierre, le fut également d'un échange de biens entre l'évêque de Die et le prieur de Saint-Marcel de Chastel, le 13 mars 1202; Pierre Lautard était prieur de Guignaise, près Châtillon, à cette

En las maisos del Perdiz, alla porta de la tore dels veiers [1], VIII d. e II d. del pra soz las maisons de l'esvesque.

In domo qui fo de Na Chabatza [2], VIII d.

In domo que fo de Na Bona Jaleta, W. Micheuz, II d. e mes.

In domo Jouen Ros, II d.

In domo del Frenors, II d.

En las maisons dels Robertz, al Posaor, IIII d.

Bernartz del Noier, III d. e mes, de la part de la maison de reira.

In domo Esteven Trenquier, a josta la torre de la veieria, VIII d.

In domo que fo Ponz de Bolc, Esteven Trenquier, XII d.

In domo Ponz Frances, XII d.

In domo Giraut de Bez, al Posaor, VI d.

In domo Ponz Isimbart, IIII d. aqui mes.

(Fol. 6, verso). In domo del Torniers, que font del Posaor, IIII d.

Lambert Palpaterra, XV d. del cortil que ten en la val de Romeier [3].

In domo Peire Martin III poiesas.

In domo que fo de Peire Tanchet, Bostos Tranquinnal [4], II d. e poiesa.

---

dernière date, et Raymond Lautard, qui figure comme témoin dans l'acte par lequel l'évêque de Die céda l'hommage de Silvion de Crest au Dauphin, le 1ᵉʳ octobre 1201, fut caution de l'évêque dans l'accord qu'il fit en 1217, avec les bourgeois de sa ville épiscopale, touchant le droit de banvin. — *Cart. de Die*, pp. 27, 40, 55, 60, 76.

[1] La tour des Vehiers ou de la Véherie, était la maison-forte habitée par le véhier, officier épiscopal chargé de la police de la cité.

[2] Pour : *Domina Chabatza* et *Domina Jaleta*.

[3] La vallée de la Meyrosse, dans laquelle se trouve la commune de Romeyer, canton de Die.

[4] Bontose Trenquignas, bourgeois nommé dans la transaction du 28 mars 1240. — *Cartulaire de Die*, p. 92.

In domo de Quintel, ɪ d.

Li effant Ponz Faure la fanaor, vɪɪ poiesas de la maison.

In domo Ponz Chalvet, ɪɪɪɪ d.

In domo Artaut Mauri, e Villelme Mauri[1], vɪɪɪ d. poiesa e una esmina de vin, e ɪɪ pans.

In domo que fo Narbert Mauri[2], vɪ d. e en la maison que el hac de Petroni, ɪɪɪɪ d. e de la terra de Chamel, ɪ d. e una sauma de vin de la vinna de la Gueira, e de la maison que hac de Biatris Peillona, v d.

In domo Esteven Teulier, ɪɪ d. e mes.

In domo dels effanz de Jordan de Granovol, ɪɪɪɪ d. e de la posterla de la maison, ɪ d. e de la maison que fo delz Grimauz, vɪɪ d. e de la terra que lom appella Ribeira oltra lo pont del Colombier, ɪ d. e de la vinna del collet de Vauz, xɪɪ d.

In domo que fo de Touchier, ɪɪɪ e mes.

In domo de Lombart, una poiesa.

In domo dels effanz Bostos Esracre[3], ɪɪɪ d. e de la terra al pont del Colombier, ɪɪ d.

Li effant de Johan Pairolier dima pare, ɪ d.

In domo Vels Valenczas, que tenont li effant Bostos Rainart, xɪɪ d. e ɪɪɪ d. del cortil e xxɪ d. de la grange de S. Maing.

In domo de Peire Boer[4], ɪɪ d.

En la torre de Raimont Berllo, ɪɪ d.

(Fol. 7, recto). In domo Marcel Brunet, vɪɪ d.

---

[1] Guillaume Maurin — *Willelmus Maurinus* — frère d'Albert, figure comme témoin dans l'accord que l'évêque de Die fit avec Rostaing de Sabran, touchant les châteaux de Barnave et de Jansac, le 4 mars 1230. — *Cartulaire de Die*, p. 116.

[2] Pour : *Dominus Arbert Mauri*.

[3] Bontose Eracle — *Eracres* — témoin de l'acte par lequel l'évêque de Die abandonna le droit de banvin, le 23 avril 1218. — *Cartulaire de Die*, p. 76.

[4] Probablement Pierre Bouvier, un des bailes de Montmaur.

In domo Willelme de Granovol, viii d.

Brunels, ii d. e poiesa de l'ort que ten a Saint Vincenz, que fo Bertrand Moti.

In domo Bertrant Moti e de Peire Moti, vi d.

W. de Saint Main [1], xii d. de la vinna que ha en Plans.

En las maisons Johan d'Aspres [2], xii d.

In domibus de Peire Beiroart, xii d.

In domibus que foront Johan de Tues [3], xii d.

In domo Ponz Monegue, xii d.

In domo W. Rollant, i d.

In domo Cuillarier lo preveire, i d.

In domo Arbert Lambert que fo de Peire Ugo, viii d.

In domo Esteven Milo, ii d. e mes e del pra e de l'ort, ii d.

El pra que fo Joven de Porta, ii d.

In domo W. Trossel, de luisseira del viol, i d.

In domo del segrestan [4], i d.

In domo W. del Temple, iii d.

In domo delez Foillans, iii d. e de l'oscha josta lo claus de l'esvesque, vi d. e del pra josta lo molin, vi d. e de la Ribeira, vi d.

En Vila nova.

Guigo Alvernaz [5] de la maison que ten en Vilanova, xii d.

---

[1] Guillaume de Saint-Main ou de Saint-Maisme — *Guillelmus Sancti Magni* — bourgeois de Die, connu dès 1227 et père d'un autre Guillaume de Saint-Main, qui était consul de Die en 1315.

[2] Jean d'Aspres, — *Johannes de Asperis*, — chanoine de la cathédrale de Die, connu dès 1240, qui, le 26 novembre 1240, trancha comme arbitre, les différends de Pierre Isoard avec le commandeur de Recoubeau et dont le neveu Raymbaud d'Aspres, bourgeois de cette ville, vivait en 1293. — *Histoire de Die*, I, 482 ; *Cartulaire de Die*, p. 126.

[3] Au moyen âge, la vallée de la Sûre ou de Quint, était appelée vallée de Tuès ou de Thuys.

[4] La maison du sacristain de la cathédrale, second dignitaire du chapitre de Die.

[5] Le bourgeois Guigues Alvergnas, qui fut un des garants de

In domo de Peire Jacob, vi d.

In domo que fo Julian del Rochaz Beureiral e Peire del Rochaz e malians, xii d.

In domo de Gregori, vi d.

(Fol. 7, verso). In domo Pons Fouchier, xii d.

In domo que fo Andreu Faure Ponz, xii d.

In domo Ponz Barnavila, vi d.

In domo Johan del Rochaz, vi d.

In domo Giraut Lautier, vi d.

In domo Esteven de Belmont, vi d.

In domo Ponz Faure, viii d.

Peire Faure de la maison et de l'ort, xviii d. e mes.

Lagiers, de la Rare de sa maison, i d.

In domo Richart lo coldurier, vi d.

In domo que fo de W^e Fillal, vi d. e de la vinna que tenont sei effant en Plans.

In domo de Peire Maigre, vi d.

In domo Johan Ric [1], viii d.

In domo Lantelme Ric, iiii d.

C. AL VIOL PELORCIN.

In domo de Pelorcina, ii d.

In domo que fo de Peire Giraut, iii d.

In domo que fo de Peire de la Faya, iii d.

In domo que fo de Peire Ferratier, Bostos Matheus, iii e mes.

In domo de Bostos Rainart, v d. e fo de Peire Bolfart.

In domo de Peire Bolfart, xi d.

---

l'accord fait avec l'évêque de Die, le 28 mars 1240, était le frère de Pierre Alvergnas, secrétaire de ce prélat en 1248, et d'une famille qui ayant acquis la seigneurie de Soubreroche, vers le milieu du XVe siècle, la conserva jusqu'à la fin du XVIe. — *Cartulaire de Die*, pp. 92, 198 ; *Diction. topog. de la Drôme*, p. 379.

[1] Jean Ric, — *Johannes Ricz*, — autre garant de l'accord de 1240.

In domo de Peire Guigo [1], i gallina.
In domo Guigo Roissans, i d.
In domo Durant de Talavel, i d.
In domo que fo Elmion Teisseor, iii d. e mes.
In domo que fo Ponz Raschaz, al Posaor, vi d. e dima pare mes.
(Fol. 8, recto). In domo W. Brunet, ii d.

En la placza [2].

In domo Johan Audelent, viiii d.
In domo del Perdiz, iiii d. e mes.
In domo Bernart de Tues, viii d.
In domo Guigou Ruina [3], iii d.
In domo Raimont Olier, viiii d.
In domo Guigou Praet, viiii d.
In domibus Richart Chapais, a Saint Main, viii d.
Li seail, xii d.
Po. Saurel, vi d. de la Ribeira sotz Aureilla. Soma vii lib. cxxxi d.

---

[1] Pierre Guigues ou Guigon. — *Petrus Guigonis*, — fut témoin d'un accord fait entre l'évêque de Die et le comte de Valentinois, touchant les terres d'Aurel, Comps, Saint-Ferréol et Ponet, en 1210. — *Cartulaire de Die*, p. 51.

[2] La place de la Halle, que traverse la rue de Villeneuve.

[3] Guigues Ruine était d'une famille qui a donné son nom à un quartier de la banlieue de Die et à laquelle appartenait un autre Guigues Ruine qui, après avoir été témoin d'une donation à l'église de Die, par Pierre de Lers, en 1200, fut garant de l'accord que ses concitoyens firent avec l'évêque Didier de Lans, touchant le droit de banvin, en 1218. Pierre et Guillaume Ruine, chanoines de Die en 1240, et Guillaume Ruine, consul de Die en 1313. — *Cartulaire de Die*, pp. 60, 76, 100, 111.

(Fol. 8, verso). CES. D'ANNONA [1].

Raimontz Garainnos e Albertz Lavarel, x sest. [2] d'anona e del pra e de l'ort XVIII d. Albertz Lavarel.
Li Bertalmen x sest d'annona del molin e xx d.
Li Foillans, x sest. de froment del molin.
Aymo d'Eigleun [3], II sest. de froment e III sest. de paonet.
Li effant Arbertz Mauri, I esmina de la terra de Chamel.

CES DE FROMENT A LA MALADEIRA DE LA CONDAMINA.

Peire Mailletz, I sest. de fro. e una gallina.
Richauva de la Plaza, I esmina de fro. e una gallina e dimeia.
Guigo Gressa, I sest. de fro.
Blacha, I sest. de fro.
Na Maignana [4], II sest. de fro.
Ponz Oliers, III sest. de fro e esmina.
Chappuis l'escofiers, I sest. de fro. e dimeia esmina.
Micheuz Rainautz, I sest. de fro. et dimeia esmina.
Peire Oliers, III esminas de fro.
Peire Batailliers, III esm. de fro.
Espaillartz, I sest.
Peire Girbertz, de Pontais [5], III esm. de fro.

---

[1] Redevances en froment.
[2] Le sétier de Die était d'environ 53 litres et se divisait en deux éminées, quatre quartes, seize civayers et trente-deux cartons.
[3] Aymon d'Eygluy, chanoine de l'église cathédrale de Die, qui fit une donation à l'abbaye de Léonçel, le 18 avril 1233 ; nommé encore en 1240. — Cart. de Léoncel, p. 111 ; Cart. de Die, p. 111.
[4] Pour : *Domina Maignana*.
[5] Pontaix, commune du canton de Die. Pierre Gilbert — *Petrus Gilberti*, — ayant quelques difficultés avec les religieux de Léoncel,

— 26 —

Durantz Freniers, 1 sest. de fro. e la terza de la esmina.
W. Abelins, 1 esmina de fro. e la tercza de la esmina.
Andreus Abellins, 1 esmina de fro. e la tercza.
(Fol. 9, recto). Johans Borgas, 1 sest. de fro.
Ponz Voltors [1], de Pontais, 1 sest. de fro.
Laurenz Czabatiers, 1 esmin. de fro.
Laurenz Mengloz, 1 esmin. de fro.
Bostos Moutos, 1 sest. et dimeia esmina de fro.
Peire Meilluras, dimeia esmina de fro.
Symondetz, 1 esmina de fro.
Peire Lautierz, 1 esmina de fro.
Li Carton, 1 esmina de fro.

Ezo es ces de tos.

Peire Chais [2], dimeia esmina d'annona e dimeia de bla.
Bonartz, dimeia esm. d'annona e dimeia esmina de bla.
A. Estachy filz na Bermonda, 1 esm. de fro. e 1 esm. de bla.
Li chastellans de Quint [3], 1 sest. de fro. e 1 sest. de bla, de ezo de tol.
Willelma Mailletta, 1 esm. d'annona de la condamina Saint Saorni.
Peire Estevenz, 1 sest. de fro.

---

touchant les pâturages d'Ambel, transigea avec eux le 20 mai 1266. — *Cart. de Léoncel*, p. 230.

[1] Les Votor ou Voutor étaient une famille de Pontaix, qui avait des droits sur les pâturages d'Ambel.

[2] Un autre Pierre Chaix et Ponce Chaix, chanoine de Saint-Ruf, figurent comme témoins dans l'acte par lequel Humbert Ier, évêque de Die, et Falques, abbé de Saint-Ruf, s'entendirent au sujet des églises de Taulignan, en 1199. — *Cart. de Die*, p. 46.

[3] Le château de Quint, dont les ruines se trouvent sur la commune de Sainte-Croix, était le chef-lieu d'une châtellenie importante, appartenant aux comtes de Valentinois, mais sur lesquelles les évêques de Die avaient quand même quelques droits. — *Dict. top. de la Drôme*, v° Les Tours.

Micholau Aevern, I sest. de fro. de ezo de Chaesluoc.

Le filz Bernart Rasere, XII d. de ezo de josta las torres de Chastel.

W. Portaniers, XIII den. e dim.

Martins Rouvers, I sest. de fro. de la terra de Chamel.

Aguita Tibauda, I esm. de fro. de la condamina de Peira Mainninencha.

Ermengartz Chaissa, las V partz dima esmina de fro. de la vinna de Ruailz.

Archinartz Fai, la VI partz de la vinna.

W. Salvestres, I esm. de fro. de la granja.

F. Oleanda, I esm. fro. de vinea.

W. Symontz, I esm. fro. de vinea.

Soma LXVIII sest. d'annona e III sest. de bla e II gallina e dimeia.

(Deux pages blanches).

(Fol. 10, verso). BREUS DE CESSAS DE MON SENNOR L'ES-VESQUE DE QUE ES BAILES LAMBERTZ PALPA TERRA [1].

W. Flor. II d. de sa maison, que es de sobre la maison de Valcressent [2], e Jarento de Romeier [3] pren II sols e di de ces, e par se li segnorio aisi quant le ces.

---

[1] Le baile Lambert Palpaterre était l'arrière-neveu d'un Bostos Palpaterre, qui figure comme témoin dans l'acte par lequel Isoard II, comte de Die, fit hommage à l'évêque de cette ville, le 13 janvier 1168 et qui, présent au partage que ce prélat fit avec son chapitre des biens de l'église de Die, en Trièves, le 1er février 1183, le fut à celui de la seigneurie d'Aurel entre ce même évêque et différents coseigneurs, le 1er juin 1193. — *Cart. de Die*, pp. 29, 37, 41.

[2] Maison appartenant aux religieux de Valcroissant, abbaye de l'ordre de Citeaux dont les restes se voient encore à quelques kilomètres de Die, au lieu appelé l'*Abbaye*, et qui fondée vers l'an 1170, avec des religieux de Bonnevaux, fut détruite pendant les guerres de religion. — *Notes pour l'hist. du dioc. de Die.*

[3] A cette famille, qui empruntait son nom au village voisin de

Raimontz Ners, vi d. de sa maison.

Girautz de Gressa [1], iii d. de sa maison.

Guillems Gressartz, ii d. de sa maison.

Willelma Mainnana, ii d. de sa maison.

Durantz Morre, ii sestiers de vin de sa maison.

Li effant Odo Davi [2], xii d. de lor maison.

Jacmes Le Murarel, iii meaillas de sa maison.

Pe. Guers, v poiesas de sa maison.

Pe. Chapaiz, v poiesas de sa maison.

Ugo de la Porta e sos frare Pe., vi d. de sa maison a la porta Saint Marcel [3].

Martros, i d. de sa maison.

Pe. Guers, ii d. de sa maison.

Andreuz Rainartz, vi d. de sa maison.

Ronnina, i d. de sa maison.

Gravoz, ii d. de sa maison.

Romeyer, appartenaient Guillaume de Romeyer, qui figure comme témoin dans l'acte par lequel Arnaud de Crest fit hommage à l'évêque de Die, le 15 août 1145 ; Ponce et Lambert de Romeyer, en présence de qui l'évêque et le chapitre de Die se partagèrent les possessions de cette église dans le Trièves, le 1er février 1183 ; B. de Romeyer, dont le nom se trouve au bas de l'acte du 1er octobre 1201, par lequel l'évêque Humbert céda le haut domaine des biens de Silvion de Crest au Dauphin, et enfin Pierre de Romeyer, un des chevaliers et damoiseaux qui s'offrirent pour ôtages, dans le cas où l'évêque Didier de Lans ne tiendrait pas les engagements pris vis-à-vis des bourgeois de Die, touchant leurs libertés (1217). — *Cart. de Die*, pp. 27, 31, 35, 37, 76.

[1] Gresse, commune du canton du Monestier-de-Clermont (Isère). Giraud de Gresse fut témoin de l'acte par lequel Isoard d'Aix donna le château de Châtillon et d'autres biens à Raymond de Baux, prince d'Orange, son gendre, le 16 août 1246. — *Hist. de Die*, p. 486.

[2] Un notaire Jean David, était syndic ou consul de Die en 1435. — *Cart. de Die*, p. 158.

[3] Arc de triomphe romain qui servait de porte à la ville de Die, du côté du levant.

Ponz Rainiers, Estevenz Porcherz, v poiesas de sa maison.
Bernartz Berbiers, de la meita de sa maison, ii d.
Durantz Abrachis, ii d. de sa maison.
Chastainna, iiii d. de sa maison.
Pe. Lautiers, iiii den. poiesa dreurs de sa maison.
Rainautz, ii d. de sa maison.
(Fol. 11, recto). Martinz Planeuz, ii d. de sa maison.
Peire den Jacme, vi d. de las maisons de si mollier.
Arnautz Morte, ii d. de sa maison.
W. Robertz, ii d. de sa maison.
Johanz de Lescharena, iii d. e di de sa maison.
Pe. Disders, v d. de sa maison.
Acharda, iii d. e di. de sa maison.
Girautz de Revel, iii den. de sa maison.
W. de Chapiac, vi d. de sa maison.
Bostos de la Costa, iiii d. e di. de sa maison.
Jovenz Taris, iii d. e di. de sa maison.
Ponz Rainiers, i d. de sa maison.
Pe. den Jacmen, ii d. de la maison que fo de lonoria.
Montaisons, ii d. de la maison que fo de lonoria.
Meilluretz, ii d. de la maison que fo de lonoria.
Bertalmeuz Rossetz, viii d. de sa maison.
Pe. Abrachis, viii d. de sa maison.
Johanz Archimbautz, viii d. de sa maison.
Bostoz Chatz, viii d. de sa granja.
Li effant Rainaut Taillavigna, ii d. de lor maison.
Bonafauz Le Torz, xii d. de sa maison.
Guigo Valeilla, iiii d. de sa maison.
Alsiartz, iiii d. de sa maison en qui fai granja.
(Fol. 11, verso). Alziartz, iii d. de sa maison, W. Milo xii d. de la granja.
Andrieus Albas, iii d. de sa maison.
Martinetz Peirolers, v d. de sa maison.
Le tenement Arbertz de Conchas [1], ii sols et iii den.

---

[1] Un Arbert de Conches, — *Arbertus de Conchis*, — qui était vrai-

Bostos Traquinnans, ɪɪ d. de sa maison.

Clapeira, ɪ d. de sa maison.

Girautz Corbeuz, ɪ d. de sa maison e ɪɪɪ d. d'una autra maison.

Estevenz Berbiers, ɪɪɪ d. de sa maison.

Jovenz Galanz, vɪ d. de sa maison.

Clocha, xɪɪ d. de sa maison.

Peironella Gaia, ɪɪɪ d. de sa maison.

Johanz d'Aucello, xɪɪ d. de l'ort de Saint Maurisi [1].

Ponz Augiers, v poiesas de sa maison.

Rostainz Arbertz, v poiesas del Chasal.

EZO ES AL BARRI.

Pe Bonetz [2], v d. de l'ort tenement. Ponz Chatz, ɪɪɪ d. de l'ort tenement de l'aresta nova en amont.

Johanz d'Aucello, xɪɪ d. de la vinna de la Maladeira.

Raimontz Garainnos, vɪɪɪ d. de la vinna a la Maladeira.

W. Salvestres, xɪɪ d. d'aquieus.

Ponz Chalvetz, ɪɪɪɪ d. del champ de tres Puei Urgnon.

---

semblablement l'aïeul de celui-ci, fut témoin de l'acte par lequel Arnaud de Crest soumit ses biens au fief de l'évêque de Die, le 15 août 1145, et l'on trouve, en 1199, un Lantelme de *Conchers*, baile de Valence, qui est probablement l'auteur d'une famille De Conches, qui possédait la seigneurie de Montmeyran au xvɪᵉ siècle. — *Cart. de Die*, p. 35 ; *Dict. top. de la Drôme*, p. 232.

[1] Le quartier dit des Chanoinies, au levant de la ville de Die, s'appelait autrefois Saint-Maurice, du nom d'un prieuré de l'ordre de Saint-Benoît et de la dépendance de l'abbaye de Saint-Michel-de-la-Cluse en Piémont, qui s'y élevait dès le xɪɪᵉ siècle et qui fut uni au chapitre de Die vers le milieu du xvᵉ.

[2] Probablement le même que P. Bonel, — *Petrus Bonelli*, — qui figure comme garant dans le compromis du 28 mars 1240, entre l'évêque de Die et les bourgeois de cette ville, touchant leurs libertés. — *Cart. de Die*, p. 92.

Arbertz Lambertz, vIII d. del champ tres Saint Marcel.
Girautz Trossetz, vIII d. d'aquieus.
Bertalmeus Alexis, II d. al terme de Ruailz.
Et la semnoria per totz luers.

(Fol. 12, recto). BREU DEN RAIMBAUT DE JUSTI[1] QUE DONE A L'EVESQ. DE DIA.

Johanz Chalmatz, IIII sols e II d. del pra de la Maurinea.
W. de Grainovol, vI d. de la vinna de la toscha Justinencha.
Teuliers, I d. d'aquieus.
Arbertz de Foillas [2], II d. d'aquieus.
Giraut Tardius, III d. d'aquieus.
W. Blacha, I di. d. d'aquieus.

---

[1] Il s'agit ici des redevances dues à l'évêque de Die, pour biens sur la montagne de Justin, qui fait actuellement partie de la commune de Die, mais qui formait autrefois une paroisse et une seigneurie dictincte de celle de cette ville. La seigneurie, dont les empereurs germaniques confirmèrent la possession à l'église de Die en 1178 et 1214, n'appartenait pas à cette église, treize ans auparavant, car elle n'est pas nommée dans la bulle privilège du pape Alexandre III, en date du 28 mars 1165, et il y a tout lieu de croire qu'elle fut tout d'abord possédée par une famille de son nom à laquelle appartenaient, indépendamment de notre Rambaud de Justin, Arbert de Justin, qui figure comme garant dans l'acte par lequel Isoard, comte de Die, fit hommage à l'évêque de cette ville, le 13 janvier 1168; une dame Pétronille de Justin, nommé dans celui, par lequel la famille Archimbaud fit une donation au prieuré de Brisans, près Crest; Pons de Justin, témoin de la renonciation de l'évêque de Die, Didier de Lans, au droit de banvin, en 1218, et Durand de Justin, citoyen de Die, vivant en 1293. — *Cart. de Die*, pp. 29, 53, 77, 126.

[2] Arbert de Foillans, sacristain de l'église de Die en 1246-1257, dont le petit-neveu, du même nom que lui, était également sacristain de Die en 1321. — *Notes pour l'hist. du dioc. de Die*, p. 53.

— 32 —

Arnautz Thostiers, iiii d. de la vinna de Chapiac [1] e desme
Ponz Marches, iii d. de la terra de Chapiac.
Girautz Neiers [2], iiii d. de la vinna de Chapiac.
Ponz Borgas, i d. del pra sobre la gleisa de Justi [3].
Durantz Beneeitz, xii d. de l'oscha de Justi.
Artautz Borjas, iii d. de la terra de Laya de Justi.
Johanz Raimbautz, viii d. de la terra del prael d'Ameilz [4].
Ugo Faviers, ii d. de la terra d'Ameilz.
Ponz Temporelz, vi d. de la terra de Chapiac, e v d. d'Ameilz.
W. Flechiers, ii d. de la terra d'Ameilz.
Johanz Boers, ii d. de la crois d'Ameilz.
Li Vincencet, xii d. del Puei Javalda e tascha.
Seilvo, iiii d. e tascha [5] de Chamorsu.
Vincentz Macza, v d. d'aquieus.
Pe. de Bo Vesin, ii d. e di. de la terra de Bo Vesin [6].
Johanz Veillons, xvi d. e tascha de Col Fraudenc.
Sos fillas, i d. e tascha iqui mes.
W. del Temple, i d. e tascha iqui mes.
(Fol. 12, verso). Pe Garrels, iii d. e tascha en Bo Vesin.
Li filla Garrel, ii d. e tascha iqui mes.
W. de Cornier, i d. e tascha daquo sobre Col Fraudenc.
Estevenz Audo, i d. e tascha iqui mes.
P. Valletz, vi d. de Costa chauda.

---

[1] Chapiat, quartier rural au sud-ouest de Die.
[2] Guillaume Noir, frère de Raymond.
[3] La montagne de Justin forma pendant longtemps, à elle seule, une paroisse, qui fut supprimée dans la première moitié du xv⁰ siècle, ainsi qu'il résulte de ce passage du pouillé du diocèse de Die en 1449-1450 : *Ecclesia de Justino que non est amplius parrochialis.* — *Pouillé hist. de Die*, p. 42.
[4] Les Miellons, quartier rural au sud de Die.
[5] La tasche ou tasque était une redevance en nature, due au seigneur pour les produits du sol et notamment sur les blés en gerbe.
[6] Beaufin, autre quartier rural au sud-est.

W. Chaillols, III d. de champ d'Ameilz e dimeia tascha.
Li mollier Girardenc, III d. d'aqui mes.
Soleira, I d. de l'ort de Chapiac.
Estevenz Temporels, III d. e di. de Chapiac.
Pe. d'Ais [1], V d. de la terra de Chapiac.
Li Raimbaut, dimeia esmina de civa de chavallage [2].
Li Bovet, dimeia esmina de civa del champ de la Borrellea e doas gerbas quant y a froment.
Aillautz, I d. e di. de la crois d'Ameilz.

BAILLIA PE. JACOB A LA GUILLIER AL FORN DEL ROBERTZ.

Vials Mala compainna, desme de sa vinna.
Ponz Balzencs desme de sa vinna.
Ponz Laido, desme de sa vinna.
Vials Vincencetz, desme de sa vinna.
Girbertz de Lechal, desme.
Jovenz Bertalmeuz, desme de la partia de sa vinna de Belregart.
Romanz Torniers e sos fillas, desme d'amarinas [3].
Pelorcis, desme iqui mes.
(Fol. 13, recto). De Comba Petoart, pren desme l'esvesques quiti del la via en sus que vai vers Justi e en Bel fayn, desme d'aquo dels Boteillons, entro en Col Rollant.

BREUS E CES E SEMNORIAS DEL FIERI DE CHASTEL DOBLE [4].

En la vinna W. Teulier, XX d.

---

[1] Un Pierre d'Aix, — *Petrus de Aquis*, — que je crois étranger à la famille des seigneurs de ce nom, issue des anciens comtes de Diois, fut mêlé à tous les débats des bourgeois de Die avec l'évêque de cette ville, touchant leurs franchises municipales. Serait-ce le nôtre ?

[2] Redevance due au seigneur pour la nourriture de ses chevaux.

[3] Amarines, osier.

[4] Nom sous lequel on désignait quelquefois le quartier du Chastel.

— 34 —

En la vinna Pe. Teulier[1], x d.

Guigo de Gressa, x d.

Petrus Meilluras xiii d. e esmin. de fro. e en la terra de Ces Meesme[2], ii d. e di.

Las fillas de Boscharlla, vi d.

Aguita de Roesnel, ii d. de sa vinna, e de las chosas de Roesnel[3], iii d.

W. le Chapuis, vi d. de sa vinna.

Pe. dels en Chastres, viii d.

Pe. Maletz, ii d.

Lambertz Palpa terra, ii d. e di.

Bertrantz de Combas, iii d.

Li mare Teulier, xx d.

Combetz, vi d. de sa vinna que fo Baudricha.

Petre Trossel, xx d.

W. Trubert, iii d. de sa vinna.

Lambertz Magdveuz, iiii d. de la vinna que fo W. Fillol.

Blasmanel, ii d. de sa vinna.

Pe. Andrieus, i d. e esmin. de vin de sa vinna.

Li Brun, xviii d. lor vinna.

Johs. Raimbautz, vii d. e di. e i sest. de civa alla mesura veilla, de sas vinnas.

W. Chaillol, xv d. e i cartal de vin de sa vinna.

W. Armantz, vi d. de sa vinna.

Le filz Bostos Aalart, i esm. de civa a la mesura veilla.

Bertranz de Combas, iii den.

Michels de Montbrant[4], iii d.

Bostos Teracza, vi d. de sas terras.

Bostos Meerchanz, iii d. de sas terras.

---

[1] Guillaume et Pierre Teulier étaient fils d'un autre Pierre Teulier, qui fut témoin d'une donation à l'église de Die, par Pierre de Lers, le 16 août 1200. — *Cart. de Die*, p. 60.

[2] Saint-Maisme ou Saint-May.

[3] Ruinel, quartier rural à l'ouest de Die.

[4] Montbrand, commune du canton d'Aspres (Hautes-Alpes).

Mayol Pescharel, v d.
Johs. Bernartz, I barral de vin [1].
Champs loncs, I sest. de fro. de sas vinnas.
El claud de Chastel doble, II sest. e esmina, que tenent Bostos Rainartz e W. de Poiols [2].
Li effant Matheu Rover de lort de tres la maison, III meaillas.
(Fol. 14, recto). In orto mercatorum, III meaillas iqui mes.
Johs. Milo e Pe. Milo, de lort e de la maison, v d. e meailla.
Gironda, I meailla de lort.
Bruneuz, I poiesa de lort que fo del fil na Gironda [3].
Raimontz Garainnos, I poiesa de lort iqui de josta.

BREVE CENSUUM E DOMINORUM E TASCHARUM E DECIMARUM NEMORIS EPISCOPALIS.

Chatbertus de Porta Englena, VII d. e di.
Le frare Andrieu de Poiols, VII d. e di.
Symontz Rambertz, VII d.
Vincenz Macza, XV d.
Aigua bella, VII d. e di.
Ponz Laido, XVIII d. e di.
Espaillartz, XV d.
Johan Trotteuz, X d.
Quiblers, III d.
Estevenz Audo, III d.
Bossons, III d. e di.

(Fol. 14, verso). Romana Lageira, I d.
Girautz Boina, VI d.
Bostos Bonafasis, I d.
Vials Vincenz, VI d.
Rostainz Pestre, VI d.
Blainatz, III d.
Arnautz Paians, V d.
Girautz Forniers, III d. e di.
Le filz Johan de La Cort, III poiesas.
Li Foillan, X d.
Micheuz de Foillas, II d.

---

[1] Le barral de vin était d'environ vingt-sept litres.
[2] Poyols, commune du canton de Luc-en-Diois (Drôme). — Ce Guillaume de Poyols figure comme garant et sous le nom de Guillaume Poils dans l'accord que les bourgeois de Die firent avec l'évêque Humbert IV, le 28 mars 1240. — *Cart. de Die*, p. 92.
[3] Pour : *Domina Gironda*.

Uxor. Ponz de Sancta Maria, VIII d.
Li Mazart, VI d.
Arnautz Berbiers, III d.
Bantis, IIII d. e di.
Johs. Achis, III d.
Vincentz Maillotz, IIII d.
Na Garenga, V d.
Umbertz Vannaz, IIII d.
Johs. a Folla fust, VI d.
Johs. de Borna [1], III d.
Li moillier de Mauri, II d.
Petre Escofers, IIII d.
Peire Augiers, IIII d.
Johs. Finas, I d. e di.
Oucha, I d. e di.
Li moillier Bostos de Valbre [2], III d. e di.
Pe. Faure, I d. e di.
Truchafauz, III poiesas, e IIII d. de Comba Grimaut [3]
W. Ros, II d.
Arnauz Paians, III d.
Rois, IX d.
Moutos, II d.
Pe. Lombartz, II d.
Guigo Jarruz, III d. e di.
Quiblers del Gaure, II d.
Dionetz, VII poiesas.
W. filz Armaudan, III poiesas.
Pe. de la Mastra, III d.
Johans Audelenz, III d.
Gillins, V d.
Malcuers, III d. e di.
Clamenz, XVII d.
Halaris, I d.

---

[1] Borne, hameau de la commune de Glandage. Jean de Borne appartenait à une famille noble, de laquelle il est fréquemment question dans les documents du XIIe et du XIIIe siècles. Humbert de Borne vivait en 1145 ; Saramand, en 1168 ; Albert en 1169-1193 ; Bérenger de Borne, de qui il est question dès 1168, accompagnait l'évêque de Die, Robert, lorsqu'il fut à Arles pour y obtenir la confirmation des droits et privilèges de son église, par l'empereur Frédéric Barberousse, le 30 juillet 1178 ; Pierre de Borne est qualifié citoyen de Die en 1168 et en 1218 ; Humbert et Pierre de Borne étaient chanoines de Die, le premier en 1187 et l'autre en 1218 ; un troisième Pierre de Borne vivait en 1293, et enfin Hugues de Borne était prieur de Quint, en 1202-1210. — *Cart. de Die*, pp. 5, 27, 29, 40, 76, 134, et notre *Dict. ecclés. du Dauphiné*, ms. art. Sainte-Croix.

[2] La femme de Bostos Valbre.

[3] Combe-Grimaud, quartier rural de la commune de Die, au sud-est.

Pelausiers, III d. e di.
Li filla Vincentz Maillot, III d. poiesa meuz.
Ducha, II d.
Giroudos, II d. e di.
Pe. Johannis, IIII d.
Vials Mala compainna, III d.
Pe. Vincencetz, I d.
Guigo Macza, v poiesas.
Li Serail, II sols e v d.
Artauz Chachiers, VI d.
Salvestres, III poiesas.
(Fol. 15, recto). Ranceuz, III d.
Michel Gais e Arnautz Mailloche e Bostos Bonafasis, I d.
Pascals, VII d.
Johs. Maletz, VIII d.
W. del Temple, VIII d.
W. Salvestres, XII d.
W. Chaisas, VIII d.
W. Corencs, VIII d.
Arnautz Ronnil, XII d.
Estevenz Boilla, XVII d.
Laurenz Menglos e sos fraire, I an, VI d. e l'autre v d. e.
Guitartz, III d.
Chauvis, VII d.
Pe. Turreuz, IIII d. e.
Le fraire Chauvi, III d.
Chailloutz, I d.

Lennartz, II d.
Bernart Jordans, VI d.
W. Menuetz, VI d.
Le Fraudeire, III d.
Maillotz, III d.
Arnautz Lausiers, III d.
Laurenz Sabatiers, I d.
Bollartz, XII d. poiesa meins.
W. Audelenz, I poiesa.
Jouvenz Cailla, VII d.
Corniers, III d. e di.
Ugo Brus, I d.
Vials Vincencetz, III d.
Estevenz Audo, III d.
Ugo Soleilla, VIIII d.
Le fillas Ugo Soleilla[1], IIII d.
Symondetz le fillas Boscharlla, III d.
Pe. Gais, III d.
Johanz Borreuz, II d.
Micheuz Gais, I d.
Filla Raimont Salsa, VI d.
W. Salvestres, I em. de froment.
W. Tutetz, III d.
Le maris Chantaloba[2], III d.
Aginars Veers, VI d.
Girautz Aalartz, XIIII d.
Chalvetz Peschare, XII d.
Lantelmes Repentis, VI d.

---

[1] Le gendre de Hugues Soleilla.
[2] Le petit Chantaloube.

(Fol. 15, v°). BREUS E CESSA DEL FIEU DE MIRABEL[1], DE LA BAILLA W^e FRANCO QUE ES CUMINALS ENTRE STA MARIA[2] E L'EVESQUE.

Arnautz Lausiers, II d. e carton.

In Clot Lobos : Ponz Ronnal, IIII d. e cart.

Giraut Favail, I d. e cart.

Bostos Peillos, VIII d.

W. Garniers, V d. e los doas partz d'un sest. de vin, d'una vinna el rif d'Arenas.

Johanz d'Aucello, la terza part d'un sestier de vin, de la vinna al rif d'Arenas.

W. de Peira, IIII d. e un sestier de vin de la vinna d'Arenas.

Pe. Barrautz, III d. e cart. de la vinna de Puei meian.

Bostos Lai,

Pe. Fusiers, IIII d. de la vinna de Puei meian.

Bostos Seinartz, II d. d'aqui mes.

Pe. d'Ays, II d. iqui mes.

Ponz Chieuz, II d. iqui mes.

W. Macza, II d. iqui meisme.

Pe. Escofiers, V d. iqui meisme.

Marceuz Chapaiz, I d. aqui mes.

Pe. Jacmes, XVIII de la vigna de Johan d'Aucelo.

Giraut Ros, II d. de la terra e de la vinna iqui mes.

Pe. Augiers, VI d. iqui mes.

Johanz Jarruz, V d. al Collet d'Eisseraz.

Romeus Faure, VIII d. al Collet d'Isseraz.

Li effant Rostain Griort, VIII d. iqui mes e II d. e en Florenz.

---

[1] Il s'agit ici, croyons-nous, de droits féodaux ayant appartenu à une famille De Mirabel, dont un des membres, Silvion de Mirabel, fut témoin de l'acte par lequel Isoard II, comte de Die, fit hommage à l'évêque de cette ville, le 13 janvier 1168, à laquelle appartenait Silvion de Mirabel, chanoine de Saint-Ruf en 1193, et qui paraît s'être éteinte au XIIIe siècle. — *Cart. de Die*, p. 44.

[2] La cathédrale de Die étant sous le vocable de Notre-Dame, — *Ecclesia Sancte Marie Diensis, la gleisa Nostra-Dona de Dia*, — Pierre Siblet a voulu dire que les redevances inscrites dans ce paragraphe, étaient à partager entre l'évêque et le chapitre cathédral de Die.

A Saint Ferreol :

W. Trosseuz, II sols e VI d. del Champ e desme e d'una vinna iqui meisme, VIIII d. e desme.
Na Bueisa[1], IIII d. e al terz an I gallina.
Ponz Chalvetz, V d. e I gallina aqui mes e alter en autra.
Li effant Girbert Seail, III d. e una gallina.
Li effant Romeu Faure, VII d. de la vinna del Peiro.
W. Bernartz de Saint Mauriso, I d. en la vinna del Cherraz[2].
Jovenz Milo, I d. iqui mes.
Ugo Brus[3], prebotz, XVIII d. en Floreuz[2].
Andreuz Ribauz, XVIII d. iqui mes.
Rostainz Pestrel, II sois iqui mes.
Estevenz Escofiers, III d. iqui mes.
Johanz de las Donnas, II d. e tascha.
Arbertz Rocha, II d. e tascha iqui mes.
W. Bernartz de Saint Marcel, III d. e la tascha en Bres[2].
Johans del Bolc[4], III d. e la tascha en Bres.
(Fol. 16, recto). Colomba Bertranda, IIII d. del champ de Turon, e tascha e desme.
Pe. Arbertz, VI d. e la tascha e el desme de Turon del chàmp.
Boscharlla, IIII d. e I sest. de vin de la vinna sobre la fonteta Saint Ferreol.
Bostos de la Cort, I emina de vendeinnea a Saint Ferreol.

En nuyers :

Girautz Rossetz, IIII d. e desme e tascha.
Pe. Albertz davant diz, IIII d. e la tascha el desme en Huyers.
Li Gayet, VI d. de la vinna d'Uyer e desme.

---

[1] Pour : *Domina Bueisa.*
[2] L'Echarat, Floreaux et Bret, quartiers de la banlieue de Die, à l'est.
[3] Le chanoine Hugues Brun, prévôt du chapitre cathédral.
[4] Boulc, commune du canton de Châtillon-en-Diois (Drôme).

— 40 —

Volvenz, iiii d. e desme e carton.

Jacmez Veilz, iiii d. desme e carton d'Uyers.

Pe. d'Ays, v d. e desme de la terra de Seyeleyras [1].

Pe. Rossetz, vi d. e desme de la vinna d'Uyers.

Pe. d'Ais, vi d. de la terra de Seyeleyras, e desme, et cest Peire el fillas de las Habonas.

Pe. Garreuz, i poiesa de la vinna en Turon.

Pe. Rollanz, i poiesa iqui mes.

Girautz Milimay, i d. iqui mes.

Ponz Faurel, xii d. de la terra d'Uyers e sont ligi e quiti de mon semnor l'esvesque.

(Fol. 16, verso). Li baillia de la Veiari, viii sols e una sauma [2] de vin.

(Fol. 17, recto). Breus de cessas de Monmaior [3] que pren mossegners le vesque e li gleisa de Dia cuminal.

Girauts Jail, i d. de lor del Fola.

Marcel Jareurel, ix d. poiesa meins de son tenement.

Girautz Corenc, i d. del champ sot lo Bal, e v p. de l'Auselaoira, e iii p. de la terra de Framauri.

Pe. Richartz, xii d. de la planta de la Chirana e iii d. de l'adreic Chabreilli e iii d. p. q. p. audeure lambra e i em. per son patremoni.

Girautz de Treivas, ii d. del patremoni de si moillier.

W. Torteuz, vii d. de son patremoni.

---

[1] Sallières, quartier rural de Die, à l'est.

[2] La saumée ou charge de vin était d'environ cinquante-sept litres.

[3] Montmaur, — *Mons Major,* — commune du canton de Die, à huit kilomètres de cette ville, formait avant la Révolution une terre ou fief, de tout temps comprise dans le patrimoine de l'église épiscopale de Die, à qui la possession de cette terre fut confirmée par le pape Alexandre III en 1165, et en 1178 et 1214, par les empereurs germaniques.

Chasteiz[1], x d. em. de la tenura Chabreilli, e v d. em. de la tenura de Sebio, e vi d. em. per audeare lambra.

Marcel Alimars, iii d. de la vigna de Sant Roma.

Pe. Brunetz, xxiii d. de cota chabri, e vii d. de son patremoni.

Bostos Jaletz, viiii d. de son patremoni.

Johans Jaletz, i d. de l'ort del Fossa e vii p. de Costa bela qua solvit iiii° Andreas Richardi.

Blachos, ii d. de patremoni de si moiller.

Bostos Virasac, i d. e v d. de son patremoni.

Pe. Bertrans, ii d. de l'Auseleoira.

Mateuis Miners, iii d. de son patremoni e ii d. em. de la vigna de Champlas.

Pe. de Neirs, viiii d. de son patremoni.

Giraut Aimars, iiii d. p. q. de son tenement.

Vincens Plasens, ii d. de Roes[2].

Giraut Guigos, iii d. de son patremoni.

Estevel Raschatz, v d. p. q. de son patremoni.

Po. Chalvetz, ii d. de son patremoni.

(Fol. 17, verso). Raimont Aalbi, vi d. de l'Auseleoira e i d. dal cham sot lo Bal.

Joves Chauvens, ii d. de l'ort del col e i em. del ba Giraudenc.

Esteves Lauteirs, i d. del serre, e ii d. per si moilleirs e i em. de Sant Marcel.

Archibautz, v d. de son patremoni.

Girautz Aalbi, ii d. de l'Auseleoira.

Rostang Archimbautz, vii d. de son patremoni e viiii per lo patremoni de si moilleir e de sont fil.

---

[1] Famille à laquelle appartenait un Pierre Chastet, — *Petrus Chasteti de Monte Majori*, — qui figure dans l'acte par lequel les Diois en appelèrent au pape, de certaines décisions du concile de Vienne, le 9 mai 1293.

[2] Rouyès ou les Royers, hameau de la commune de Montmaur.

Pe. Chaillos, ɪ d. del Fontainil[1] e ɪ em. de Ranconet.

Girautz Bailes, vɪ d. del claus de Boillana or los paga Peires Berraut.

Dousa, ɪ em. de Ranconet.

Bolgars[2], vɪ d. de las Costas, e ɪɪɪ d. de las Combas, e ɪɪɪ d. de la vigna de Sant Roma.

Reboul, xvɪɪɪɪ d. p. q. de son tenement.

Martina, ɪɪɪ d. de la vigna del Riu.

Esteves Estelos, vɪɪ p. de son patremoni.

Largeirs, ɪɪ d. del pra del Riu e ɪɪɪ em. del Mal truchafau e ɪ d. del champ de Peira graillera[3] e ɪɪ d. del champ de Chaster.

Bostos Grueus, ɪɪɪɪ d. de son patremoni.

Vincens Autartz, ɪɪɪɪ d. em. de la vigna de Claude Boillana e ɪɪɪ d. de las Girbolas[3] e ɪɪɪ p. de l'oucha Trachorel.

Bonetz, ɪ d. de Costa Aalant e ɪ d. de Ranconet e ɪ d. de Laval.

Li Audieus, xɪɪɪɪ d. p. q. de lor patremoni.

Bostos Rollans, xɪɪɪ d. de lor patremoni.

Bostos Micolaus, ɪɪɪ d. em. de son patremoni e vɪ d. de las Combas e vɪ d. de l'ort de Sant Roma e ɪɪ d. del pra de Batailla, e ɪɪ d. de la vigna del Riu e ɪɪ del champ del Riu.

Artautz Micolaus, vɪɪ p. de son patremoni.

Li Colsiruna meurel, ɪɪɪɪ d. de la vigna del champ de Lolme.

Raimons Chalvetz, ɪ m. de la vigna de Borenol[4].

(Fol. 18, recto). Bostos Raimbautz, vɪɪɪ d. del boc de Rubaut.

Bostos Auriols, ɪɪ d. de la planta de Champ las e ɪ m. de la vigna de Bernart Chalvet.

W. Lambertz, ɪɪ d. em. de la vigna de Champ de Lolme.

---

[1] Fontaniés, quartier de Montmaur.
[2] Famille qui a laissé son nom au quartier de Bongard.
[3] Peyre-Graillette et les Gerboules, quartiers de Montmaur.
[4] Bournoux, quartier de Montmaur.

Gillarel Raschatz, I d. del Clot de Gasila.

Pe. Aribers, II d. del boc Aubernenc.

Li Lambertz, IIII d. de Font Alis e I m. de Gambarel.

W. Ariberns, II d. del boc Aubernenc.

W. Ferrapia, I d. de la val de Sant Roma.

W. Audeiers, II d. e p. de Maltruchafa e I d. de sos lo chastel e I m. del com del bas.

Pe. de Ricmont [1], IIII d. del pra de Charnier.

Ugo Audeiers, II d. e p. del mas de Truchafau.

Esteves Richartz, II d. de Chiraia, e II d. del Serret e I m. de la terra Pairoal e I d. del pra de Masarel [2].

Bostos Archinartz, II d. de Prareont.

Girautz Baudos, V d. de loucha Gaidencha [3].

Marceus Autartz, IIII e I m. de Gambaros.

Girautz Bonafes or lo deuz Chauvels, II d. del Riu, e III p. deus Cofolencz.

Peironela Jaleta, III d. de son patremoni.

Bertalmeuis Ros, XIIII d. de loucha de Sant Marcel [4] e II d. del Riu VII d. de las Combas, e I d. del Noare [5].

Pe. Albi, III m. del Claude Boillana.

Bertrans de Laval, II d. de la vigna de Massarel e III d. e m. deus praals.

Pe. del Serre, I m. del boc Girardenc.

Artautz Sicheiri, I m. del Fontainil.

Bermons, VIII d. e m. de son patremoni.

Artautz Micholaus, III d. e m. p. un an e autre an III d. e m. de son tenement.

Pe. Gacha, V d. e m. p. un an e V d. e m. a l'autre.

W. Bovetz, II d. e III del Champ de Lolme.

---

[1] Rimon, commune du canton de Saillans (Drôme).
[2] Le Serret, la Pirraille et Massarel, quartiers de Montmaur.
[3] Loche-Gueydent, quartier de Montmaur.
[4] Terre appartenant à la cure de Montmaur, dont l'église était sous le vocable de Saint Marcel.
[5] Le Noare, quartièr de Montmaur.

Girberns Auraus, ii d. del pra de Laia e i d. del Colet.

(Fol. 18, verso). Ugo Peiracha, iii d. e m. de son patremoni.

Pe. Aubert, ii d. e m. de las ouchas de Ranconet e i m. del coin de Loleir.

Na Bonela[1], iii d. del Serre de la Cros[2].

Umberz Alimars, ii d. de la vigna del Riu.

Johans Lautartz, viii d. e m. de son patremoni e v d. de la vigna de Seguret[3].

Na Belios[4], ii d. de son patremoni.

Pe. Lambertz, iii d. de loucha de Trachorel.

Pe. Richartz, ii d. de la vigna d'Esconaveta[5].

Pe. Auriols, viii d. de son patremoni.

Pe. Micholaus, ii d. de la plana del Riu, e iii d. del Serre Gaidenc[6], e iii d. de la terra Pairoal, e i p. e i d. de las Combas.

Pe. Jarentes, v d. p. q. de son patremoni.

Villelma Moteta, v p. i d. de la vina de Macerel[7].

Michels Barsac, xviii d. de son patremoni.

Pe. Bonafes, iii p. deus Cofolenc.

Latgeira, v d. p. q. de son patremoni.

Girautz Reis, vii d. de son patremoni e ii d. de la vigna de Salvia.

Pe. Bertrans, iiii d.

Girautz Corenc, vi d. de la vigna de Gambaros e iii d. de son patremoni.

Marceuz Fuleirs, v d. p. q. de la vigna de Massarel, e iiii d. de la val Sant Roma e i d. de lort a la porta.

---

[1] Pour : *Domina Bonella*.
[2] Serre-la-Croix, quartier de Montmaur.
[3] Quartier de Montmaur.
[4] Pour : *Domina Belios*.
[5] Esconavette, ruisseau affluent de la Drôme, qui traverse la commune de Montmaur.
[6] Serre-Gueydent, quartier de Montmaur.
[7] Massarel, quartier de Montmaur.

Pe. Bonafos, xii d. de la terra de sa maire e xii d. de la terra de Minal e xii d. de la terra de Po. Rollantz e i d. de Lescharenatz.

Li Lairns, iii d. de lort de Sant Roma.

Arnautz Alauva, vi d. e m. de son patremoni.

Bernartz Boreus, ii d. del boc de Borel e i m. del Coru delbals e iii d. del Champ Chabalenc.

Valantis, i d. del pra del prior.

Pe. Brunetz, iii m. de Prareont.

Raimons Vils e sa sore, xi d. de son patremoni.

Arnautz Beraus, viii d. p. q. de son tenement.

(Fol. 19, recto). Esteves Rameirs, iii d. Estevel Jaletz, iii p. de Serre Gaidenc.

Johans Lairns, iii d. e m. de son patremoni.

Clavens, ii d. e m. de la vigna de Seguret.

Rotbertz, xix d. del patremoni de si moilleir.

Pe. Teiseirel e sos fraires, vii d. e m. comminal de son patremoni, e iii d. del pra de Lara.

Pe. de Laval[1] e sei fraire, iii d. del pra del moli e ii d. de la terra de la Fanjas, e iiii d. e p. de la tenura d'Arnautz Carsel e i d. del pra de la Chanaleta.

Pe. Duez, ii d. e m. de son patremoni.

Umberz Garsis, ii sols del patremoni de son paire.

Pe. Rollant, vii d. de son patremoni.

Esteves Boeirs e sos fraires[2], viii d. e m. per lafar W. Garsi.

Esteves Boeirs, viii d. e m. per lautra partia de W. Garsi e i m. ia cuminal entre eus tres.

Esteves Boeirs e sos fraires, vi d. de la terra de Sant Roma

---

[1] Pierre, Raymond et Étienne de Laval frères, à qui l'évêque Humbert IV attribua un tiers de la bailie de Montmaur, le 5 septembre 1245.

[2] Étienne et Pierre Bouvier frères, à qui appartenaient les deux tiers de la charge de baïle de Montmaur, en vertu de la sentence épiscopale du 5 septembre 1245.

e IIII d. del champ de Cosarie, de Cor e de Barnaveta [1], I d., e de la terra deus Girberns, xv d. e m. e II d. de la vigna deus Girberns de Gambaros.

Girautz Binous, v d. e m. de son patremoni.

Pe. Vils, III d. de lort de Sant Roma.

Sapchant tut sil que verent aquesta escrichura, que tut cuz de meir sobre escreicz, sont cuminal de moseignor levesque e de la gleisa de Dia.

Soma LXIII sols e aquesta a faire fo. Pe. de Laval e sos fraires le preire e en Esteves Boleirs [2].

(Fol. 19, verso). BREUS DE TOUTISSA E DE TAVERNA [3] QUE PREN LEVESQUES DE DIA E LI GLEISA A MONMAIOR.

Pe. Aubertz, I em. de taverna au so fraire e I em. de toutissa, e per sa moilleir I sivaeir, e aiso es anona e I em. de siva a eminal toutitz.

---

[1] Barnavette, ruisseau affluent de la Drôme, qui traverse la commune de Barnave, limitrophe de celle de Montmaur.

[2] Pierre de Laval et Étienne Bouvier apparaissent ici comme chefs des deux familles, à qui appartenait la charge de baile de Montmaur et dont les différends à ce sujet furent tranchés le 5 septembre 1245, par une sentence de l'évêque Humbert IV, attribuant aux De Laval un tiers et aux Bouvier deux tiers des bénéfices de cette charge.

[3] Le mot *toutissa*, qui ne se trouve, que je sache, dans aucun glossaire, est le même que ceux de *tolticia* et de *toltiza*, que l'on rencontre dans deux chartes du cartulaire de l'église de Grenoble et deux du cartulaire de Domène, et dont les premières sont de la fin du XIe siècle et les autres du commencement du XIIe. Venant évidemment de *tolta*, exaction, impôt arbitraire, il doit désigner une redevance extraordinaire, quelque chose comme des centimes additionnels, que le seigneur prenait en nature sur les produits du sol. Quant au mot *taverna*, il s'applique à l'impôt que l'on payait pour avoir le droit de faire vendre son vin dans les tavernes, et pour la perception de chacun de ces deux impôts, il y avait une mesure particulière, l'*éminal toutits* et l'*éminal de taverne*.

Ugo Peiracha, per sa maire, iiii sivaeirs d'anona e sivaeirs de grueuls [1].

Na Dousa Limara, i si. d'anona e i ci. de bla.

Plasensa e sa sore, i ci. d'anona e i ci. de bla.

Rebous, i sestiers d'anona leials, ii gunchasmeins e i em. de siva.

Bostos Virasacz, i em. d'anona a la mesura de la ranna e iii ci. de bla.

Estelos, i em. d'anona e i ci. a la mesura toutissa.

Arnautz Alauva, i em. leial d'anona e viii ci. de bla.

Pe. de Ricmont, iii ci. d'anona.

Bostos Grieuls, vii d'anona a lor civaeir.

Johans de Leschala, v ci. d'anona aquel me esmecivaeir.

Girautz Corenc, i em. d'anona leial e iii ci. de bla.

Li Richart, ii ci. d'anona e i ci. de bla.

Girautz Teiseiris, viii ci. d'anona e iiii ci. e di. de bla.

W. Audeieurs, viiii d'anona e iiii ci. e i di. de bla.

Marceuz Nuneirs, i em. d'anona leia e iii ci. de bla.

Girautz Baudos, i em. d'anona a l'eminal toutitz.

Raimons Aalbertz, i em. d'anona a l'eminal de la taverna e i em. de siva a l'eminal toutitz.

Pe. Demers, i em. d'anona a l'eminal de la taverna e i em. de bla a l'eminal toutitz.

Pe. Brunetz, i sest. de ranna e i sest. de toutissa e ii ci. de taverna e i sest. de siva a l'eminal toutitz e i ci. terza d'autre di civa.

Rostaing Vils, i em. d'anona leial e ii ci. de bla.

Marceus Autars, iii ci. d'anona.

Pe. Airautz, las tre partz d'u. ci. d'anona.

Pe. Bonafos, i sest. de taverna e ii sest. de toutissa e i sest. de siva a l'eminal toutitz.

Largeirs, i ci. de bla.

Estevez Bochetz, i em. de toutissa.

---

[1] *Gruauls*, gruau ou peut-être maïs.

Pe. del Serre, I ci. d'anona e I ci. de bla.

Arnautz Girbertz, III ci. d'anona e I ci. e V di. de bla.

Marceuz Ebraus, I em. d'anona a l'eminal toutis e autre a quo de la taverna e I em. de bla rasa a l'eminal toutis e II ci. mais.

W. Ariberns, I ci. d'anona.

Pe. Rotbertz, I ci. d'anona e I ci. de bla.

Bertalmeus Ros, VIII ci. d'anona.

W. Raschatz, IIII ci. d'anona.

A. Aguita Bruneta, II ci. d'anona e I ci. de bla, e la versa du ci.

Pe. Vils, II ci. d'anona e I ras e I ci. de bla.

Escofeirs, II ci. d'anona e I ci. de bla e tersa part d'autre.

Esteves Lauteirs, I ci. d'anona.

W. Autartz, III ci. de civa.

Pelos, II ci. de bla.

Pe. Lauteirs, II ci. d'anona.

Rotbertz, I em. e di. de toutissa d'anona e I em. de taverna e II ci. d'anona, e I em. de bla e II ci. a l'eminal toutitz.

Artautz Micholaus, e sos fraires, IIII ci. d'anona e I ci. de bla.

Johans Micholaus, VIII ci. d'anona.

Pe. Micolaus, VIII ci. d'anona.

(Fol. 19, verso). Artautz Lecheirs, I ci. d'anona e I ci. de bla.

Pe. Rolans, e sos fraires, I em. de taverna, e I sest. de toutissa e I em. de siva a l'eminal toutitz.

Pe. Barsacz, I em. d'anona leial e I ci.

Pe. Barsacz e sos fraires, I em. de civa a l'eminal toutitz.

Michelz Barsacz, I em. leial d'anona e I ci. e I em. de taverna, e I sest. de toutissa e I em. de civa a l'eminal toutitz.

Giraus Reis, I em. de taverna e I di. de toutissa e I em. de civa a l'eminal toutitz.

Pe. Jarentes, V ci. e la quarta part d'un ci. e I em. de civa a l'eminal toutitz, el e sos neyrs.

Bernartz Boreus, II ci. e I di. e la quarta part d'u d'anona e III ci. de bla.

W. Garsis, i sest. de taverna e iii em. de toutissa e iiii ci. d'anona de taverna e ii ci. d'anona.

Pe. Chalvet, i sest. de civa a l'eminal toutitz e i em. rasa.

Esteves dal Sere, i ci. d'anona e i ci. de bla.

Raimbautz, ii ci. d'anona e ii ci. de bla.

Gillelma Motata, i ci. d'anona e ii ci. de bla.

Gaujars Salvia, i ci. d'anona e i ci. de civa a l'eminal toutitz.

Martis Jareucel, iii em. leial d'anona e une escuela e i em. de bla leial.

Bermons e sos fraires, i sest. leial d'anona et i sest. de bla a l'eminal toutitz.

Raimonz Chalvetz, i ci. e i di. d'anona.

Espenella, i ci. e i di. d'anona.

Girautz Bochetz, i sest. d'anona a eminal toutitz.

Pe. Richartz, i em. d'anona a eminal toutitz e ii ci. e i di. de bla.

Pe. Malbecz, ii ci. d'anona e i ci. de bla.

Ugoz Garsis e sos fraires, ii sest. e di. em. de toutissa e ii sest. e i em. e i ci. de taverna e iii em. de civa e la terza part d'una.

(Fol. 20, recto). W. Torteus, v ci. d'anona e i di. e ii ci. de bla.

L'Argeuri, i em. leial d'anona e iii ci. e i di. e la quarta part d'u. e i em. e i ci. de bla a l'eminal toutitz.

Rostang Archimbautz, i em. leial d'anona e i em. de bla a l'eminal toutitz.

Marceuz Lambertz, di. em. de bla a l'eminal toutitz.

Ferrapia, iii ci. d'anona e i em. de bla a l'eminal toutitz.

Chastetz, ii sest. leials d'anona e i sest. e i em. rasa de bla a l'eminal toutitz.

Pe. Salvis e sa sore, i em. leial d'anona.

Po. Chalvetz, iii ci. d'anona.

Estevez Demers e sos fraires, i em. de taverna e i sest. de toutissa e iii ci. e i em. de civa a l'eminal toutitz e ii ci.

Johans Conils, i em. de civa a l'eminal toutitz.

Pe. Secheirs, i em. leial d'anona e i ci. de toutissa.

Vincenz Autars, III ci. d'anona e I ci. de bla.

Johanz Lautars, las doas part d'una emina de taverna e I em. e di. de toutissa e las doas part d'una em. de civa, a l'eminal toutitz.

Ugo Albertz e sei fraire, di. em. de civa a l'eminal toutitz.

Estevez Raschatz e sos fraire, I em. de bla a l'eminal toutitz.

Pe. Raens, las doas pars d'una emina de taverna e I em. e di. de toutissa.

Johans Lairins, las doas pars de I em. de taverna e I em. e di. de toutissa.

Somma d'anona, de taverna e de toutissa XII sest. e I em. e li gleisa i pren XII sest. e levesques i pren lalre, e daquo de vesque preno li baile loreire desme e XII sest. de bla a eminal leial e en aquesta civa no pren ren li gleisa.

(Fol. 20, verso). Page en blanc.

(Fol. 21, recto). BREUS DI CESSAS QUE PREN MOSSEIGNERS LEVESQUES QUITIAS[1] A MONMAIOR.

Peironela de Laval, VIII d. e m.

Pe. Boieirs, del champ de Gasilla, VI d. e de Boisset, VI d. e de Bosvilar, VIII d. e de Font Alis[2], XII d. e de las Combas, III d. e del Pereir de Roes, VII d. e de Champ Bardones, II d. e m. e de lort sot lo Chastel, III d. e per las taschas deus III champ, VI d. e de Sant Marcel, VIII d. e de lort del Fontainil, II d. e de lort del Seret, II d. e del Champ dal Chaene, II d. e de la vigna d'Esconaveta, IIII d.

Liaurant, de la vigna de Cosarie, III m.

Bertalmens, de la vigna de Pe. IIII d.

Pe. Bertrans, de l'emina de Chabot, IIII d.

Esteve Nischatz, III m. de la vigna de Gambaros.

---

[1] C'est-à-dire pour la perception desquelles l'évêque ne devait rien aux bailes.

[2] Fontaniès, quartier de Montmaur.

Li Raineir, de lort del Fontainil, ii d.
Rostang Vils, i d. de la terra de las Costas.
Marceuz Autartz, ii d. del Fontainil.
Girautz Corenc, ii d. de lort del Fontainil, e ii d. de la Condamina.
W. Bochetz, iii m. de la vigna de Gambaros.
Pe. Lauteirs, iii d. de la vigna de Gambaros.
W. Lambertz, vi d. de la tascha del Champ de la blacha.
Pe. Lauris, iii p. de las Combas.
W. Boreus, ii d. em. de Serre Gaidenc e de lort del Colombier e ii d. del pra Nagacha.
Martis Demers, i d. de l'Auselaoira.
Li Cofrairia, vi d. de las vignas.
Rebous, i d. de sous las Taillas [1].
Latgeirs, iii p. de las Combas.
Pe. Bolgartz, ii d. de la vigna de Champlas e iii p. de la vigna de Gambaros.
Bostos Rollant, v p. de la vigna sotz lo chastel.
Vincens Autartz, viiii d. e m. del Chaene [2] e del sere de Laval e deuz ortz sotz lo chastel.
Esmios Salvis, i d.
Ugo Romas, iiii d. del champ sotz lo Colombeir.
Gamateutz, ii d. de Sant Marcel.
Li filla Pe. Aribern de Luc [3], iii d. de las Combas.
Pe. Ariberns, iii p. de la vigna de Gambaros.
W. Ariberns, iii m. de Serre Gaidenc.
Jouel Chauveus, iii p. de la vigna de Serre Gaidenc.
Vincenz Autartz, iii m. de las Combas.
Chastetz, vi d. de lort josta lo vergeir, e i d. de Laia [4], e ii d. d'Esconaveta.
Pe. Garsis, iii d. de la Condamina [4].

---

[1] Les Taillas, quartier de Montmaur.
[2] Le Chaine, quartier de Montmaur.
[3] Luc-en-Diois, chef-lieu de canton de l'arrondissement de Die (Drôme).
[4] Laye et les Condamines, quartiers de Montmaur.

Bostos Chauveus e sa sore, ii d. de lort sotz lo Colombeir.

Girautz Aurans e sos fraires, iii m. de la vigna de Gambaros.

Bolgartz, ii d. de las Costas.

Johans de Leschala, i d. de sotz las Taillas.

Bostos Virasac, i d. de las Combas.

Bertrans de Laval, xii d. del champ sotz lo bal, e vii d. de son patremoni e v sest. e di. de son patremoni.

Michels Barsacz, iii d. del prail sotz lo chastel, e iii d. deus praals.

W. Chalvetz, i m. de la Fanja.

Bostos Archinartz, i d. de lort de la porta de Laval, e i d. de lort sotz lo chastel.

Estevez Bochetz, ii d. de la vigna del Naitz [1].

(Fol. 22, recto). Li Audeieir, i d. del chanabeir d'Esconaveta.

W. Bovetz, ii d. de lort deuz Fontainils.

Li effant de Pe. Garsi, ii sols de lor patremoni.

Li effant de Ugo Garsi, ii sols de lor patremoni.

Pe. Auriols, ii sols e viii d. de son patremoni.

Pe. de Laval e seis fraire, vi sols e di. de lor patremoni.

Raimons Aalbertz, iii d. de las Aias [2].

Li Audrens, vi d. del champ de Sere de la Cros [3].

Jouel Chauveus, i d. de Sant Marcel.

Esteives Lauteirs, i m. de la vigna de Serre Gaidenc.

Pe. Gibos, xi d. e m. da son patremoni.

Girautz Teiseres, ii d. deus Clotz.

Raimons Aalbers, v d. p. q. del Champ del serre.

Esteves Astiers, iiii d. del Noaire [4].

Girautz Reis, iii d. de las Combas.

---

[1] Les Nals, hameau et quartier de Montmaur.
[2] Laye, quartier de Montmaur.
[3] Serre-la-Croix, quartier de Montmaur.
[4] Le Noare, quartier de Montmaur.

Bertalmeus Ros, iiii d. de la vigna de Massarel e i d. de lort sotz l'Olme, e ii d. del pra de Barnaveta sotz lo beal.

W. Ratchatz, vi d. de las Conchetas.

Pe. Micholaus, ii d. de la vigna de Gambaros.

Pe. Torteuz, ii d. del pra de font Sebio [1].

Pe. Richartz, ii d. del pra de Chiraia.

Po. Raschatz, vi d. del pra de las Combas, e i d. de la vigna del claus de Boillanna.

Johanz Lautartz, ii de lortz sotz lo chastel.

Bostos Grueuils, iii p. de champ alpe de la Costa.

Pe. Airautz, vi d. de laia.

(Fol. 22, verso). Bernartz Boreus, ii d. del pra Nagacha.

Pe. Bonafos, iiii d. de las Costas e vi d. de champ sobre Sebio e v p. de la terra de sotz lo chastel.

Bruneus, ii d. de las broas de las Condaminas.

Pe. Chastetz, i m. de las broas.

Raimons Decudes, i m. de las broas.

BREUS DE CESSAS D'ANONA DE MONMAIOR QUE LOM APORTA A L'ALBERC DE MONMAIOR.

Pe. Auber, i em. e di. d'anona del Champ de Lolme.

Girautz Talbertz, i em. di. d'anona del Champ de Lolme.

W. Ferapia e sos fraires, i em. e di. d'anona de Champ de Lolme.

Guigo Carlucha, e sas nessas, i em. e di. de Champ de Lolme.

Mateuis Raineirs, i em. d'anona del Champ de Lolme.

Esteves Peiracha, i sest. d'anona del champ de la Bancheira [2].

(Fol. 23, recto). Li Ebrartz, i em. d'anona del Fontainil, e i em. da. del Seguret.

---

[1] Font-Sabiaux, quartier de Montmaur.
[2] Le Clos-du-Banchet, quartier de Montmaur.

— 54 —

Vincenz Autartz, 1 em. d'anona de Champ Garreir[1] e fo de Jo. Jai, e 1 sest. d'anona daquo del Fontainil, e di. em. da. de la Rocha, e di. em. da. del Fontainil, e 1 em. da. de la porta de Laval.

Girautz Claveus, 1 em. d'anona de las Combas.

Pe. Gilis, 1 em. d'a. del pras deus Fontainil.

Martis Alimars e sos frares, 1 em. d'a. del pra del Fontainil.

W. Bovetz e Pe. Lambertz, 1 em. d'a. del champ del Chanabeir.

Latgeirs, 1 em. d'a. del champ del Chanabeir.

Pe. Micolaus, 1 em. d'a. del champ del Chanabeir e 1 em. d'a del champ de sobre la condamina de Roes.

Borella, 1 em. d'a. del champ del Chanabeir.

Pe. Bertrans, 1 em. d'a. del champ del Chanabeir.

Ugo Andreuis, 1 em. d'a. del champ del Chanabeir.

Li Bonafé, II em. d'a. del champ del Chanabeir.

Arnautz Alauva, 1 em. d'a. de las Combas.

Martis Laurins e sos fraires au los pareir, 1 em. de lort de Ranconnet.

Auraus, 1 em. d'a. del champ del Colombeir.

Esteves del Serre e sos fraires, 1 em. d'a. del pra del Planceir.

W. Audeieirs e sos fraires, 1 sest. d'a. del pra del Riu, e 1 em. de Peira fouc e III em. de Blacha Grainaiez[2].

Pe. Ariberns, 1 em. d'a. de Seguret.

Odo Laser, 1 em. d'a. del Seguret e 1 em. d'a. de las Aias.

Abo, 1 em. d'a. del Seguret.

Pe. Teiseires, 1 em. d'a. del Fontainil.

Pe. Bolgartz, 1 em. d'a. del Fontainil.

(Fol. 23, verso). Girautz Richartz e sos fraires, 1 em. d'a. del Fontainils.

Pe. Richartz e sos fraires, 1 em. d'a. del Fontainil.

W. Audeiers, 1 em. de l'Ausellaoira.

---

[1] Champ-Guerrier, quartier de Montmaur.

W. Chalvetz, II sest. d'a. del Pereir roset[1] e I em. de la Costa de Borenos, el e sos fraires.

Pe. Raschatz, las tres partz de I em. d'a. de las Ouchas deus praals.

Wauters, la quarta part de I em. d'a. d'aquieus.

Girautz Auraus, I em. d'a. de loucha Gaidencha.

Pe. Bonafes, I em. d'a. de Chiraial e de Lara, I em. d'a.

Bertalmeuis Ros, I em. d'a. de la Costa de Pe. e I em. de loucha Gaidencha.

Pe. Bonafos, VI sest. d'a. del Champ del Seret[2].

Escofeira, I sest. d'a. de loucha Gaidencha.

Ugos Garsis, I em. d'a. de Peira Somsu.

Micolaus Ariberns, I em. d'a. del Fontainil.

Girautz Ariberns e sos fraires, I em. d'a. del Fontainil.

Micolaus Ariberns au sos pareirs, I em. d'a. de Champlas.

Guigo Charlucha e sas nessas, II sest. de la vigna e del pra de Champlas.

Seluis, I em. d'a. de Champlas.

W. Raschatz e sei pareir, I em. d'a. de Champlas.

Raimbautz, I em. d'a. de Champlas.

Pe. Auriols, I em. d'a. de Champlas.

Bostos Auriols, I em. d'a. de la vigna de Champlas.

Gurnitz de Trevias, I em. d'a. de loucha Gaidencha.

Estevez Lauteirs, I em. d'a. de la vigna de Laval.

(Fol. 24, recto). Guigo Carlucha e sas nessas, I sest. d'a. de lor patremoni.

Bostos Salvis, I sest. d'a. de loucha de Font Sebio.

Bostos Taletz, I em. d'a. de lort de sotz lo chastel que fo de Raimbaut.

Johan Lautartz e Silvis, I em. d'a. de lort sotz lo chastel que fo de Sarai.

Li effant de Rostang Nil, I em. d'a. del champ que fo de Rambaut.

---

[1] Bois-Rousset, quartier de Montmaur.
[2] Le Serret, quartier de Montmaur.

Chastetz, I em. d'a. de Cogulet.

Pe. Vilars, I em. d'a. del pra de Gasilla.

Bernartz Garsis, I em. d'a. d'Esconaveta.

Estevez de Laval, II sest. d'a. de son patremoni.

W. de Laval, III d'a. de son patremoni.

Pe. Boreuz, I em. d'a. de la vigna de Sicart e I sest. d'a. de Laval.

Johans Lautartz e sos pareis, I em. d'a. de las Aias.

Girautz Bochetz e sei pareir, I em. d'a. de las Aias.

Guigo Carlucha e sos pareir, I em. d'a. de las Aias.

Bostos Micolaus e sei pareir, I em. d'a. de las Aias.

W. Audeieirs e sei pareir, I em. d'a. de las Aias.

Girautz Ariberns au sos pareirs, I em. d'a. de las Aias.

Bostos Virasacz e sei pareir, I em. d'a. de las Aias.

Pe. de Ricmont e sei pareir, I em. d'a. de las Aias.

Bostos Grueuils e sei pareir, I em. d'a. de las Aias.

(Fol. 24, verso). BREUS DE LA FAR DE NARBERT DE MONT CLAR[1] DEUZ AUREUZ[2].

Pe. Jarentes, VI d. de Champ Mistral.

---

[1] Pour : *Dominus Arbert de Montclar*. — Cet Arbert de Montclar, dont le nom était emprunté à la commune de Montclar, canton nord de Crest (Drôme), figure comme garant des promesses d'Isoard II, comte de Die, dans l'acte par lequel ce comte fit hommage à l'évêque de la même ville, le 13 janvier 1168, et après avoir été témoin d'une donation de pâturages à l'abbaye de Léoncel par Lambert de Gigors, en 1185, le fut, dix-neuf ans après, conjointement avec son fils, également appelé Arbert, d'autres libéralités faites à la même abbaye par Guillaume d'Eygluy. — *Cart. de Die*, p. 29; *Cart. de Léoncel*, p. 41, 73.

[2] Aurel, commune du canton de Saillans (Drôme), que les documents du XIIIe au XVIIe siècles appellent parfois les Aureaux, formait à la fin du XIIe une terre ou fief qui, après avoir été quelque temps indivise entre trois coseigneurs, fut alors partagée entre eux. Ces trois coseigneurs étaient Guillaume d'Aurel, Guillaume

Paians Aalartz [1], xviii d. iqui mes.
Johanz Aalartz, xii d. iqui mes.
W. del Serre, xii d. iqui mes.
Ermengartz Aalarda, vi d. iqui mes.
Guigo Artautz, vi d.
P. Choletz, ii sols.
Girautz Chafelo, x d.
Jarentes Poiols de tot lo claus de las charreiras, xii d. e vi d. de la Tatea e vi d. de Demantruchet, e sa neiza, vi d. de la Tatea.
Pe. Andreus, xii d. de l'oscha de Saint Johan [2].
Meissons, iii d. iqui mes.
Clarmontz, iii d. aqui eus.

---

du Peloux et Arbert de Montclar ; seulement l'évêque de Die, qui tenait déjà d'Arnaud de Crest (1145) quelques droits de suzeraineté sur cette terre, ne tarda pas à acquérir la part de Guillaume d'Aurel, et ses prétentions au haut-domaine du surplus de la terre d'Aurel ayant été repoussées par une sentence arbitrale du 1er juin 1193, qui adjugea au comte de Valentinois l'hommage d'Albert de Montclar ; ce prélat, après avoir successivement acquis les droits de ce dernier et ceux des Du Peloux, obtint en 1210 l'abandon des droits du comte, en échange de ceux qu'il avait lui-même sur quelques autres fiefs.

Dès 1210, l'évêque de Die était donc seigneur de la terre d'Aurel, qui fit partie de son domaine jusqu'à la Révolution ; mais la division qui avait été faite de cette terre par ses trois coseigneurs, vers 1190, n'en subsista pas moins pendant longtemps encore, ainsi que le prouve notre document ; car ce n'est, en somme, que des redevances à percevoir dans la partie ayant appartenu à Albert de Montclar qu'il s'agit dans ce paragraphe. — *Cart. de Die* p. 33, 38, 41, 55, 59, etc.

[1] Dans un acte de l'an 1194, il est dit que Ponce Allard et son frère, — *Ahalardus et Poncius Ahalardi*, — devaient annuellement au chanoine Pierre Cornilhan, qui les cédait à l'église de Die, trois émines de froment et autant d'avoine, juste mesuré. — *Cart. de Die*, p. 38.

[2] Terre appartenant au prieuré d'Aurel, qui était sous le vocable de saint Jean.

Ponz Bonetz, xii d. de la terra dels Combencs e vi d. de Font Rasdoyra.

Johs. Quintels, iiii d. del Prabanchet.

Lambertz Paradis [1] e sos fraire, vi d. de la Pause.

Soz la Rocha [2], iii d. e la meita d'una gall.

Estevenz Domena, ii d. e de soz la Rocha e dimeia gall.

Johs. Berchauz, i d. a la Pausa.

W. Richartz, i d. iqui mes.

Vincenz Bouzeos, iii d.

Annoyer Enpaita, iii d. e iii al Rochaz.

Borrella, iii d. e iqui mes.

Bermonda, ii d. en Rosa e iii al Rochaz.

Aujartz Trucheta, vi d. e i gall.

Humbertz Truchetz e sos frare, vi d. aqui mes.

(Fol. 25, recto). Bonasias, vi d. a Font Chaslana.

Li Espennel, vi d. e de las Costas e viii d. d'aquo de Lautart Barruel.

Arpao, ii d. e poiesa del Taluc.

Bertrantz Poiols, x d.

Li Chatbertz, vi d. josta aquo d'Arbert Porret.

Pe. Robautz, iii poiesas de Panperdu.

Beto, i d. e la tascha d'aquo d'Aigla.

Guigo Chapfello, iii d. e soz lo Taluc.

Estevenz Domena, iiii d. e aqui mes.

Chatoel, ii d. e la meita d'una galli soz lo Taluc.

Ponz Rocha, i d. e la quarta part d'una gall. aqui mes.

Domenga, i d. e la quarta part d'una gall. aqui mes.

Ponz Vialz, viiii d.

Ermengarda Aalarda, viiii d.

Ponz Aalartz, viiii d.

---

[1] Au nombre des censes et rentes cédées au chapitre de Die par le chanoine Pierre Cornilhan, en 1194, il s'en trouve une de douze deniers, due par Lambert Paradis, pour pré à Viopis sur Aurel. — *Cart. de Die*, p. 55.

La Roche, quartier de la commune d'Aurel, au nord-est.

Vials Aalartz, vi d.

Li moillier de Vivia, iii d. vers Chalm reonda.

Bostos Avontz, las doas partz d'una gall. e la terza part de doz deniers.

Micolaus, la terza part d'una gall. las doas partz de ii d.

Pe. Poiols, i esm. d'anona del pra de la Comba.

Pe. Jarentes, i esm. e dimeia d'anona en Vila nova.

Ponz d'Aurel, i esm. e dimeia d'anona iqui mes.

Li Espenel, dimeia esm. d'anona e dimeia de bla a un esminal, de las Costas comola li dimeia esm.

Guigo Chafello, i de soz la Rocha, d'una vinna.

Ezo es d'Aurel.

(Deux pages blanches).

(Fol. 26, verso). BAILLIA DEL CHASTEL VEIL D'AUREL [1].

Delmas Sta. Cecilia. Li Quintel, viii sols.

Delmas de Viopis, Peire Quintels, iii sols e viii d.

Girautz Robertz [2], viiii d.

Micolaus de Ricmont [3], viiii d.

Aalais Longa vila, viiii d.

Micheuz Brunetz, xvii d. e.

Estevenz Berchautz, iiii d. e.

Pe. Grimauz, viiii d.

Ponz Grimauz e sos frare, iiii d. e.

Johs. Girautz, iiii d. e.

Picha Mola, viiii d.

---

[1] Cette bailie se composait de la portion de la terre d'Aurel acquise de Guillaume d'Aurel, et dans laquelle se trouvait le château, dont quelques ruines se voient encore au levant du village.

[2] Vincent et Pierre Robert, d'Aurel, devaient au chanoine Pierre Cornilhan, qui la céda au chapitre de Die, en 1194, une pension annuelle de cinq sétiers de froment et autant d'avoine, pour champ au quartier du Villar. — *Cart. de Die*, p. 55.

[3] Rimon, commune du canton de Saillans limitant celle d'Aurel.

Diei en sus e Delmas de Viopis[1].

Li Amaugier, III sols de lor tenement.

Micheuz Brunetz, VI d. d'aquo de Pomairol.

Li moillier de Gorant, VI d. d'aquo soz Laya.

Pe. Borreuz, IIII d. del mas de Blaynas.

Ponz Borreuz, II d. de la vigna de Condemina[2].

Marcels de Trevetas[3], II sols e VI d. de son tenement.

Pe. Grimauz de lubac, XV d. Delmas de Charllet, e d'aquo de la Rouveira, V d.

Arnautz Meailla, XII d. d'aquo del Pra ostenes.

Florenz Marcels[4], VII d. d'aquo soz Laya.

Ugo Marcelz, XII d. d'aquo de soz Laya.

Li Chatbert, XII d. des eschanges que foront fait de la far de Mirindol.

Pe. Niers, II sols de Laya.

(Fol. 27, recto). Girautz Ciala e sos frare, VIIII d. del mas de Ciala[5].

Arnautz del Mas, XII d. d'aquo de soz Laya.

Raimontz Salcetz, VI d. d'aquo de las Combas.

Marcels de Trevetas, IIII d. de lort de l'Adreitch[6].

Pe. Berchauz, VI d. d'aquo de Cheslar.

Humbertz Aurels, VI d. d'aqui eus.

Picha mola, VI d. del Chaaslar.

Pe. A. Guillons, VI d. del Chaaslar.

Ponz Ciala, III d. de la vigna del Chaaslar.

Le Faurel, VI d. de lort dels Monairons.

---

[1] Viopis, ferme et quartier, au nord d'Aurel.

[2] Les Condamines, quartier d'Aurel.

[3] Les Travettes, ferme et quartier d'Aurel, au nord-ouest.

[4] Dans l'acte de partage de la terre d'Aurel, le 1er juin 1198, il est question de la maison de Pierre Marcel, — *domus Petri Marcelli.* — *Cart. de Die*, p. 38.

[5] Probablement le même lieu que Siara, quartier de la commune d'Aurel, qui donne son nom à un ruisseau affluent de Colombe.

[6] Les Adrets, quartier de la commune d'Aurel.

W. Rainiers, II d. de lort de Saint Clement [1].

Pe. Maillocha, I d. de l'oscha de la Mura.

Jacmes, I d. de l'oscha de las Combas.

Pe. Maillocha de la costa dels Pabans e de la maison, VIII d.

Pe. Chautartz, IIII d. de la terra dels Pabans de Vila nova.

Le priols de Saint Johan, II d. per pousis del mas Bonetenc [2].

Le mas de la Pinea [3], I d. per pouzins e paia lo Martins Meailla e ses parer.

L'Espitauz [4], III d. e per pouzins e III esm. de civa d'aquo de Cucullet.

Li Lagier e Na Cuculleta, III d. per pouzins e III esm. de civa d'aquo de Cucullet mas en Genczons I pren lo chena part.

(Fol. 27, verso). Paillaciers, XII d. de la Paillaczaria.

Li Albenas, IIII d. de Ranc, toutitz.

Ga. de Trevial, IIII d. de Clot Troiller.

Li baille, VII den. de la vigna de la Salcza.

De la bailia de chastel veil d'Aurel, soma XL sols e II d.

Pe. Escofier, VI d. de pra a Duison.

Micheuz Chavalliers e sos frare, II d. de la maison.

Pe. Lautartz, VI d. de lort a Saint Peire, e de la Costa sobre la vigna.

W. Garniers, IIII d. de lort a Saint Pere [5].

---

[1] Saint-Cleu, quartier dans lequel se trouvait une église de Saint-Clément, de laquelle il est question dans l'acte par lequel la terre d'Aurel fut partagée entre ses trois coseigneurs (1193), mais qui n'existait probablement plus au siècle suivant. — *Cart. de Die*, p. 39.

[2] Les Bonnettes, ferme et quartier au nord-ouest.

[3] La Pigne, ferme et quartier à l'ouest.

[4] L'Hôpital, ferme et quartier au nord.

[5] Saint-Pierre, quartier dans lequel se trouvait l'église paroissiale d'Aurel, — *ecclesia parrochialis Sancti Petri de Aurrelis*, — qui fut, croyons-nous, détruite pendant les guerres de religion. — *Dict. topogr. de la Drôme*.

Pe. Robertz, ɪ d. de la vinna sobre la Condemina.

Martins Robert, ɪ d. e la tascha de la terra sobre Via Romeia.

De lafar deuz Elexis, W. Escofiers, xɪɪ d. e Johans Lautiers, xɪɪ d.

Peire Meailla, xvɪɪɪ d. de loucha Cossiencha.

Ponz Boissina, ɪ d. de la vinna de Costa Essucha.

Vincenz Atenols, ɪɪɪɪ d. d'aquieus.

Li Espennel, ɪɪ d. de la vinna d'aquieus.

Regautz, ɪɪ d. d'aquieus.

Li Meier, ɪ sol d'aquo de la Maresca e d'aquo de ciala.

Ponz Cortils, xɪɪ d. del Claus e de la Costa.

Johanz Quinteuz, xɪɪ d. e la tascha del champ de Longa tira.

Arnautz Binoutz e le veiers, xɪɪ d. de Font chaslana.

Li teneor de la Pelosa, ɪ d. per pouzin.

Pe. Lautartz e Na Replata, ɪ d. per pouzin.

Pe. Niers, ɪɪɪ d. de lort de soz Saint Clement.

Bertranz Marceuz, vɪ d. del Champ claus.

W. Trolleuz, ɪ d. del Cros del fossa soz la maison de Michel Brunet e autre d'aquo soz la porta en que ren son temps.

(Fol. 28, recto). CES D'ANONAS.

Li Chavallier, ɪɪ sest. d'anona del Collet [1].

Arnautz Poiols, ɪ sest. d'aquieus.

W. Valet, ɪ esm. del col del Chastel.

Johs. Quinteuz, ɪ esm. d'aquieus.

Pe. Quinteuz, ɪɪɪ sest. e esmin. de Viopis [2].

Pe. Grimauz, ɪ esm. de la Rouveira [3], e autra del pra e de loucha soz lo chastel.

---

[1] Le Collet, quartier de la commune d'Aurel.
[2] Viopis, ferme et quartier au nord d'Aurel.
[3] Rovier, quartier d'Aurel.

Florenz Marceuz e sos neps, II sest. de Laya.

Li Espenel e Ugo del Cortil, I esm. del claus Peiron costa.

Lambertz Airautz e li confraria, I esm. d'aquo de Ciala.

Pe. del Cortil, I esm. d'aquieus.

Chalvetz Quinteuz e sos fillas, III esm. d'aquieus.

Pe. Trubertz, I esm. d'aquieus.

Ugo del Cortil, III esm. d'aquieus.

Pe. Niers, I esm. de la Marescha.

Eli Espennel, I esm. d'aquieus.

Felips, I esmina d'aquieus.

Pe. Chautartz, I esm. de Treveta [1].

Johs. del Mas, I esm. d'aquieus.

Estevenz d'Albenaz [2], I sest. de la Fornacha e I esm. del pra de la Maladeira [3].

Paillaciers, I sest. de loucha a Font Pielx.

W. de la Balma, II sest. d'aquieus.

Pe. de la Cort, II sest. d'aquieus.

Vincenz Robertz, I sest. allas plantas de Saint Peire.

Pe. Colletz, I sest. d'aquieus.

(Fol. 28, verso). Ponz Paians e sos couinas, I sest. d'aquieus.

Girautz Aho, I esm. al pra de la Maladeira.

W. Avonz, I esmina a la vinna deuz Rorers.

Durantz Colomps, I esm. a la Chabestelea.

Andrieus Audemars, I e. d'aquo que hac d'Eiroart.

Girartz del Pra, I esm. soz lo beal e autra del Champ Ajauries.

Joveuz Aalartz, autra d'aquieus.

W. de la Balma, I e. de la vinna a Colomba [4] e II sest. del champ a Torna gral.

Li Lagier, I esm. de la vinna a las Chesas e de loucha a

---

[1] Travettes, ferme et quartier de la commune d'Aurel, au nord.
[2] Aubenasson, commune du canton de Saillans.
[3] La Maladerie, hameau de la commune d'Aurel.
[4] Colombe, ruisseau affluent de Roanne qui traverse la commune d'Aurel.

Font Raembaut e d'aquo a Peira grossa e I sest. a Blacha Lagier.

W. Pinea e sos frare, II sest. del champ de Valgela.

Tot aiczo es a mesura de Dia. Soma de froment : XXXVI sest. et I esm.

Li Amaugier, III sest. de lor tenement.

Vincenz Robertz, I sest. de las vinnas a Saint Peire.

Li Segui, I sest. d'aquieus.

Estevenz Toutitz, I esm. d'outra Colomba.

Le priel de Saint Johan, I sest. e dimeia esmina del mas Bonetenc.

Johanz de Roeczas, dimeia esmina d'aquieus.

Girautz Pinea, I esm. de la Pinea.

Pe. Pinea, I esm. d'aquieus.

Martins Meailla, I esm. d'aquieus.

Marceuz de Trevetaz, I sest. del mas de Charllet.

Pe. Grimauz, I sest. d'aquieuz.

Girautz Ciala e sos fraire, I sest. de Ciala.

Vincenz Bouseos, I sest. del pra de Picha mola.

Tot aiczo es a mesura d'Aurel. Soma XIII sest. e I esm. a mesura d'Aurel.

(Fol. 29, recto). Li Quintel, IIII sest. de lor tenement e III sest. de guacha.

Estevenz Berchauz, I sest.

Micheuz Brunetz, I esm. del mas de Viopis.

Girautz Robertz, I esm. d'aquieus.

Li Grimaut e los parier, III esm. d'aquieus.

Picha mola e Estevenz Brechaus, I esm. d'aquieus.

Le mas de Viopis, I sestier de gacha el tenement de Balps e del Grimautz.

Marcels de Trevetas, I esm. del mas de Charllet.

El tenement de la Pelosa, I esm.

Li Seguin, III esm. cuminals den W. d'Aurel e den W. Pelos [1].

---

[1] Biens ayant été communs entre Guillaume d'Aurel et Guillaume du Peloux, deux des coseigneurs d'Aurel, à la fin du XIIe siècle.

Pe. Lautartz e Na Replata, I esm. del Vilar [1].

Li Amaugier, I esm. de lor tenement.

Tot aiczo es a mesura de gacha. Soma xv sest. a mesura de gacha.

CES DE BLA.

Li Esmiou, I esm. de bla d'aquo josta Vincent Bouzeon.
Pe. Quinteuz, III esm. de Viopis a mesura de Dia.
Pe. del Cortil, I sest. de las Baucheiras.
Marceuz de Trevetas, II sest. de Charllet.
Pe. Grimauz, I sest. d'aquieuz.
Li Amaugier, I sest. de lor tenement.
Pe. Chatbert, I esm. de la vinna del Collet.
Girautz Robertz, I esm. del pra de Picha mola.
Toutiz, I esm. d'outra Colomba.
Eschirouz, I esm. deuz Adreiz.
Ugo Aavis, I esm. de Chanta loba.
W. Ausupiers, I esm. del Collet de la Fauria [2].
(Fol. 29, verso). Li Chastet de la far del Puei d'Ais, XII sest. mas en Genczo i pren lo cheua part.

Eizo es a mesura leial. Soma xxv sest. e I esm.

CES DE GALLINAS.

W. d'Ales [3], I gallina deuz ortz.
W. Brunetz, I gallina.
Peire Regautz, I gall.
Ponz Trota, I gall.
Pe. Chavalliers, I gal.
Li Gislier, I gall.
Estevenz Brechauz I gal.
Umbertz Aureuz, I gal.
Salsetz, I gal.
Bernartz de Combas, I gal.
Pe. Quinteuz, I gal.
Johanz Quinteuz, I gal.
Pe. Malocha, II gal.

---

[1] Le Villard, hameau et quartier au sud d'Aurel.
La Faurie, quartier d'Aurel.
Allex, commune du canton de Crest-Nord (Drôme).

W. Bouserz, I gal.
Felips, I gal.
Aarnautz Taliota, I gal.
Guigo Veiers, I gal.
Amaugeira, II gal.
Arnautz del Mas e Girautz Ciala, I gal.
W. Richartz, I gal.
Trucheta, I gal.
Li Bolfart, II gal.
Girauda Quintella, I gall.
Ugo Poiols, I gall.
Arnautz Poiols, I gall.
Bertrauz Poiols, I gal.
Pe. Niers, I gall.
Picha mola, II gal.
Li Meier, I gal.
Pe. Espeneuz, I gal.
Pe. Monniers, III gal.

Pe. Grimautz del forn, I gal.
Girautz Pinea e li Rebol, I gal.
Marceuz de Trevetaz, II gal.
Girautz Robertz, III gal.
Martins Salvestres, I gal. e autra dimeia.
Wa. Bouseona, I gal.
Estevenz d'Albennaz, I gal. e autra dimeia.
Arnautz d'Arpao [1], II gal.
Pe. del Cortil, II gal.
Jovenz Marceuz, II gal.
Arnautz del Mas, I gal.
Li Rebol, I de la maison josta Saint Clement.
Li Bouseo, II gal.
Soma de galinas, LVIII.

(Fol. 30, verso). BREUS DE CESSAS DE LA BASTIA D'AUREL [2].

Johs. Aalartz e ses frare, I sest. d'anona de Pra reont e autre de la vinna Joven.

Robin, e I esm. de la vinna de soz la via del Colet e autra de Puei Eudi.

Jacmes, I esm. de la vinna e de la terra de soz lo molin Soteiran e autra de Pra reont.

W. Escofiers, I esm. del champ de sobre la Condemina.

Jovenz Aalartz, I sest. d'anona de Pra reont.

Li Augier, I esm. de Pra reont.

---

[1] Arpavon, commune du canton de Nyons (Drôme).
[2] Il s'agit ici des redevances à percevoir, dans la partie du territoire d'Aurel, ayant appartenu à Guillaume du Peloux, qui y avait une bâtie ou maison-forte. — *Bastida Willelmi Pilosi.*

Beto e W. Lautartz, I esm. d'aquieus.

Arnautz Rainiers, I sest. d'aquieus.

Pe. Aismes e li fil de Na Celena, I sest. d'aquieus.

Lagier de Ricmont, I sest. d'aquieus e autra esmina del collet de Replat [1].

Arnautz de Bais, e Pe. de Bais [2], I sest. de Creba cuer [3].

Li Champfello, I esm. de Puei Uudi.

Ponz Paians, I esm. d'aquieus.

Pe. Chapfellos, I esm. de la costa de sobre Champ Mistral.

Li Chapfellon, III sest. d'annona del Moli.

Girartz, X sest. d'annona e X sest. de bla del molin e III esminas d'annona del pra de la Font Naudemar e I sest. d'annona del Replat e I sest. d'annona de Costa Poilleu.

W. Trubertz, I sest. de Costa Poilleu.

Martins Robertz, I esm. de la Font Naudemar.

Pe. Garcis, II sest. de Pela Cota.

Estevenz d'Albennas, I esm. del pra Giraut Chappel.

Bertranz Brunetz e sos fraire, I sest. del champ de Miridol.

Johs. del Mas, I esm. de las Baucheiras.

(Fol. 31, recto). Ugo Chap fellos, I esm. de la vinna de Vila nova.

Li Esmio, I esm. de las Baucheiras. Aiczo es tot al esminal, leial.

Ponz Grimauz e sei frare, I esm. d'annona del Collet.

Peres Barnava, I esm. d'annona del Champ de l'Arbere [4].

Le champs del Vilar, II sest. de bla que jes.

Le fieus d'aqueuz de Charpei, I esm. de guacha.

Li Serrenc, I sest. d'annona a l'esminal de guacha.

Li Rebol, I esm. de bla d'aquo Girart Chappel. Aiczo es leial.

Li Chap fello, II sest. e esm. de bla.

---

[1] Le Replat, quartier de la commune d'Aurel.
[2] Le Plan de Baix, commune du canton de Crest nord (Drôme).
[3] Crèveccœur, quartier de la commune d'Aurel.
[4] Laubaret, ferme et quartier de la commune d'Aurel, au sud.

Johanz Escofiers, I esm. de bla de la vigna de Vila nova.

Li Serrenc, I sest. de bla a l'esminal de guatcha.

Le tenement deuz Marceuz e deuz Bautins, I sest. d'annona e autre de bla, a esminal de guacha.

Pe. Escofiers, dimi emina de sa vina.

Ces de diniers de la Bastia d'Aurel.

Li Champ fello, v sols e II d. del Moli.

Na Avonda, IIII d. de lort del molin.

Micolaus, IIII d. d'aquieus e VIIII d. e del Collet.

Robertz, I d. del Collet.

Domenga, I d. del Collet.

Pe. Jarentes, III d. de la vinna de la Salsa.

P. Aguillos, XVIII d. de la Guillonea [1].

Girartz Lautiers, VIIII d. d'aquieus.

Pe. Jarentes, XV d. d'aquieus.

Johanz Aalartz e sos fraire, III de soz Laya.

(Fol. 31, verso). Johanz Aalartz e soz fraire, III d. de la Faiola.

Jacmes de las Combas, VIII d. e I d. de la Currulea e III d. de la Condemina.

Li Serrenc, III sols de lor tenement.

Le Ros del Serre, III d. del Forn Chaucin.

Li Bauti e li Marces, II sols de lor tenement.

Clementz, XII d. de loucha soz lo chastel.

Las Bertalmenas, IIII d. de lort de Saint Peire.

Eelena, III poiesas de la Condamina.

Pe. Lagiers, VI d. de lort de las Combas.

W. Aalatz, III d de la vinna de Martin e d'aquella de Peire Laurenz.

Ugo Ahamps, I de la Boisseira.

Beto, I d'aquieus.

---

[1] Le Gaillon, ferme et quartier de la commune d'Aurel.

Vials Aalartz, III sols de loucha de soz la porta e I d. del toral de la vinna.

Arnautz Colomps, III d. de Clot Escorna [1] e VIII de loucha e VI de luninal e I d. del bosc Pugnaenc.

Bertranz Marceuz, VI d. del pra de soz Laya.

Bernartz Curruceuz e Robautz, V d. de la Currucelea.

Johanz Faure, III d. de la Costa e V e de lort del molin.

Micheuz, III d'aquieus.

Rollanz Boissina, VI d'aquieus. Na Blancha, XII d. de son tenement.

Vincenz Guobis, III d. de lort de Colomba.

Li Robert, II d. de pont Crestian [2] e I d. de bosc Pugnaenc e I d. de la vigna a la Michelea e I d. de Crebacuer.

Li Girartz, VI d. d'aquo de W. Vial e VI d'aquo de Martin, e III d. del Marchail e II del molin Champfello e III d. de soz lo beal, e III d. d'oulta Colomba e III meaillas de la berc e Ja. Marcza, VIII d.

(Fol. 32, recto). BREUS DE L'ANONA TOTISSA CUMINEA DE LA GLEISA E DE MO SEINOR L'EVESQUE.

Li Brunet, de Cota Chabri, II sest.

Li Brunet, duas pres, VIII em.

Jo. Lautartz, I em.

Pe. Aubertz cum perio, I em. e pro uxore sua, I sivaer.

Po. Sichiers cum suo perio, I em. e pro uxore sua, I em. justam.

Esteve Peracha, pro uxore sua, IIII sivaers.

Chastetz, pro uxore sua, I em.

Chastetz pro Audeart Lamberta, II pres XVI emin.

Li Jarento, I em.

Chastetz, pro patre suo, I em.

Li Chalvet, I em.

---

[1] Serre-Cornat, quartier de la commune d'Aurel, à l'ouest.
[2] Pont sur le rif Cristin, ruisseau affluent de Colombe.

Li Robaut, ɪ dimidia em.
Bernart Garsis cum suis periis, ɪɪɪ sest. e ɪ em.
Bernartz Garsis, del mas de Borenos, ɪɪ sivaers.
Aureare cum suis periis, ɪɪɪ em.
En Barzacs, ɪ sest. e duas pres, vɪɪɪ em.
Le Faures cum suo perio, ɪ sest. e duas pres, vɪɪɪ em.
Bollanda, ɪ sest.
Pe. Bonafos, ɪ sest.
Po. Rollant, ɪ sest.
Po. Andreu cum suis periis, ɪ em. e tascham per alterius.
Li Viart, de la Gerbensa, ɪ em. e de la Seradencha autra.
Li Micolau cum suis periis, ɪ sest.
Baeuz, ɪ em. e tertiam partem alterius.
Bartolomeus, ɪɪ partes vɪɪɪ em.
A. Blancs, ɪ sest. ɪɪ partes vɪɪɪ em.
Relinna, ɪɪ partes vɪɪɪ em.
Bontos Giriell cum suis periis, ɪ sest.
Rivout, ɪ em.
Ugo Rabea, ɪ sest.
(Fol. 32, verso). Bermont, per totissa, ɪɪ partes vɪɪɪ em.
Pe. Giberntz, ɪ sest.
Martin Denier, pro matre sua ɪɪ partes vɪɪɪ em., pro Giraudo Columbo, ɪ em.
Rostaig. Jul. ɪ em.
Jo. Lairin, de Cornet e dema, ɪ em.
Roman Chalvet, ɪ em.
Salvi Bousomot, ɪɪ partes vɪɪɪ em.
G. Rei, ɪ em. e dimidiam.
Ste. Chavalier, tertiam partem vɪɪɪ em.
Bochet, ɪɪɪ em.
Po. Andreo del mas de Nil cum suis perils, ɪ em. e dimidiam.
Pe. Richarts pro nepte sua, tertiam partem vɪɪɪ em.
Summa xxx sest. de totissa inter dominem episcopum et ecclesiam ctilla xxx n. valent n. xxɪɪɪɪ ad mensuram justam.
Summa de la taverna, xxɪ sest. qui faciunt xvɪɪɪ ad mensuram justam.

(Fol. 33, recto). Guigo Maistre, I sest. de civa de la terra que li done l'esvesques Humbertz[1], domentrel que le diz esvesques vivria e pueis apres sa via, si li autre esvesque qui vendriant apres lui, laissar la li voliant per lo ces d'avant dit.

El feus de la Correardeira[2] en la montagna[3], aura p. nom de Vercheira Esparsois li sorre de Oro de Nosecz e de Giraut e de Gillelme, XXV lib. p. las quals o volia engatjar a tot ome que poguessa. Don mossegners Amieius esvesques de Dia,[4] de cui li segnoria d'aquest feus es per las preeiras d'Esparsois e de sos amicz li preste las XXV lib. sobre ditchas per so que tenia del feus. Pero p. aquo quant en aquest feus Gillelmes de Valin e sos freires Peire devont far feura al segnor de Dia e segre pro le segner de Dia den en aquest feus, peure XII sols e II sest. de bla cesals qui que tenguessa lo feus.

A salveor es quen Peires de Nosec vende a mosegnor Ameeus evesque de Dia, tot so que avia le ditz Peires en la Bastia de la montagna[5], e dens lo champ de la gleisa de la Chapella de la montagna[6], tot so que avia ves la Bastia e la leida en la quals pren om, IIII sols I em. q.

Aqui meesme le segner de Dia pren el pra del Fraisse, II sol de plait au la segnoria.

---

[1] L'évêque Humbert IV (1234-1246), prédécesseur d'Amédée de Genève sur le siège de Die.

[2] Corréard, quartier de la commune de la Chapelle-en-Vercors (Drôme).

[3] Dans les montagnes du Vercors.

[4] Amédée de Genève, évêque de Die.

[5] La Bâtie, ancien chef-lieu de la commune de la Chapelle-en-Vercors.

[6] La Chapelle-en-Vercors, chef-lieu de canton de l'arrondissement de Die (Drôme).

www.ingramcontent.com/pod-product-compliance
Lightning Source LLC
LaVergne TN
LVHW051456090426
835512LV00010B/2169